KB105691

그때 그렇게 말해서 미안해

그때
그렇게 말해서 _____ 미안해

박민영 지음

책들의정원

꽃이 자라게 하는 건 천둥이 아니라 비

🔗 행복의 시작은 '말 한 마디'

대화법 책을 쓰기로 마음먹은 건 커뮤니케이션 코칭을 하면서 만난 분들 덕분이었습니다. 생각보다 많은 사람들이 다른 사람과의 소통에 어려움을 겪고 아예 대화를 하지 말까 고민하기도 하고, 직장과 이성관계 또는 가정에서 갈등을 마주하는 이야기들을 들었습니다. 자신감이 없어 머뭇거리는 사람도 있고, 지나친 솔직함으로 사람들을 당황하게 하는 사람들도 있으며, 상대방이 거절할까 봐 두려워서 다가가지 못하는 사람들도 있었습니다. 인간관계가 굳이 중요한 것이냐며 애써 외면하는 이들도 만났습니다.

그러면서도 그들은 과거 자신의 말실수와 지나간 인간관계에 대한 아쉬움을 토로했습니다. 사람들과 부대끼며 사는 법을 알고 싶어 했습니다. '우리는 행복을 각자 나름대로 정의할 수 있지만 행복을 느끼게 하는 요인은 전 세계적으로 비슷하다. 그것은 깊은 사회적 연결이다'라는 하버드 대학 숀 아처 교수의 말처럼 사람들과의 관계와 연결 안에서 행복을 찾는 것이 사람의 본능이기 때문입니다.

그래서 이 책을 쓰기로 마음먹었습니다. 그들도 만약 사람들과 자연스레 말하고 감정을 나누는 법을 체득한다면, 사람들 앞에서 자신을 당당하게 표현할 수 있다면, 감정을 통제하고 다스릴 수 있다면 조금 더 행복하게 살게 되지 않을까 생각해서입니다.

이 책을 써내려가면서 많은 어려움을 겪었습니다. '그 사람의 신발을 신고 1마일을 걸어보기 전까지는 그를 판단하지 말라'는 인디언 격언처럼 사람마다 타고난 기질과 성향, 성장과정, 배경지식, 가치관, 자신에 대한 이해가 다르고 세상을 바라보는 시각이 제각각이기 때문에 대화에 대한 정답을 제시할 수가 없기 때문이었습니다.

하지만 그렇기 때문에 더욱 더 대화법에 대한 공부가 지속적으로 필요한 것이 아닐까 하는 생각도 들었습니다. 세상사람 누구 하나도 똑같지 않기에 다른 이를 이해하고 상대할 수 있는 깨달음과 방법에 대한 목마름이 계속되는 것이라는 결론을 내렸습니다.

🔗 나를 사랑하고, 타인을 사랑하게 하는 말

이 책은 가장 가까운 사이, 그리고 매일 마주하는 사이에서 일어나는 대화를 다루고 있습니다. 부부와 연인, 부모와 자녀, 직장 상사와 동료가 그 대상입니다. 저는 이 책을 쓰면서 당신을 토닥토닥 위로해주고 싶었습니다. 나의 인정과 타인의 인정이 함께 맞물려야 사람은 건강하게 작동되면서 긍정적인 생각과 긍정적인 말이 나갈 수 있기 때문에 당신의 입장을 함께 말해보고 싶었습니다.

또한 따끔하게 당신에게 충고하기도 합니다. '뛰어난 말에게도 채찍이 필요하다. 현인에게도 충고는 필요하다'는 말처럼 자신의 말하기습관을 돌아보고 반성해야 앞으로 나아갈 수 있기 때문입니다.

결국 사람들과 당당하게 대화하는 법을 말해주고 싶습니다. "자신을 표현할 수 있는 정도가 자존감의 정도를 결정한다." 자기주장 훈련 전문가 허버트 펜스터하임의 말입니다. 당당하게 자신을 표현하고 자신과 타인을 만족시킬 수 있는 대화를 나눌 수 있게 됐으면 좋겠다는 것이 제 바람입니다.

책을 쓰다 보니 가족과의 대화, 직장 동료와의 대화, 부모님과의 대화에서 한없이 부족한 저를 발견하게 되었습니다. 이런 책을 쓸 자격이 있을까 하는 생각도 들었습니다. 하지만 저의 대화스타일을 분석하게 되니, 앞으로는 달라져야겠다는 생각과 제 주변 사람들에게 더 살뜰하게 해야겠다는 생각이 들었습니다.

제가 겪은 시행착오를 다른 사람들은 덜 겪었으면 좋겠다는 생각으로 책을 썼습니다. 7개월 넘게 주말을 모두 반납하고 힘들게 책을 다 쓰고 나니 '나도 발전 가능성이 있고 쓸 만한 구석이 있는 것 같아' 제가 다시 좋아졌습니다.

이제 당신 차례입니다. 부족한 부분이 있지만 그것을 채우고 보완한다면, 사람들과의 관계에 있어 장점을 더욱 계발해나간다면 더욱 자연스러운 소통이 이루어지지 않을까 기대합니다.

'막말 실력을 키우지 말고 세련된 언어력을 키워라. 꽃이 자라게 하는 건 천둥이 아니라 비다(Raise your words, not your voice. It is rain that grows flowers, not thunder).'

페르시아 시인 루미의 명언입니다. 사람들과 자유롭게, 당당하게, 편안하게 대화하는 그날을 응원하겠습니다. 늘 함께해준 엄마와 반쪽 명호, 원민, 혜연, 그리고 책들의정원에 감사합니다.

2020년 4월
박민영

1

만약
그때로
돌아갈 수 있다면

"내가 말하기 전에 알아서 하면 안 돼?"

◦

🔗 함께 살아봐야 보이는 것들

지영 씨는 대학 시절부터 함께 한 남자친구와 8년 연애 후 결혼했다. 함께했던 시간이 길어서 크게 달라지지 않을 것 같은 일상이었지만 모든 걸 함께 하며 더욱 재미있어졌다. 모든 걸 알고 있을 거라 생각했던 서로에게 몰랐던 점들을 발견하고 새로운 계절을 보내고 있다. 처음에는 모든 게 꿈만 같았다.

하지만 결혼은 현실이었다. 결혼 전에는 엄마가 모든 걸 다 챙겨주고 해주었던 일을 지영 씨가 다 알아서 해야 했다. 가정을 책임진다는 것, 어른이 된다는 것이 어떤 건지 조금은 느낌이 왔다. 특히 집안일이 문제였다.

지영 씨는 어지러운 것을 잘 못 본다. 결벽증에 가까운 친정 엄마의 영향인지 집 정리와 청소를 매일 매일 한다. 마음이 어지러울 때 바닥을 닦으면 마음도 닦이는 것 같아 기분이 한결 나아진다. 연애 하는 동안 이런 성향을 봐 왔으니 당연히 결혼 후에 남편도 깔끔이 성향을 따라 줄 거라 생각했다.

하지만 남편은 '치울 게 하나도 없는데 왜 또 청소를 해야 하나?'라는 생각을 가지고 있는 터라 집안일에 전혀 관심이 없었다. 처음에는 '남편이 바빠서 집안일을 못하나보다' 생각하며 지영 씨가 혼자서 말없이 하기 시작했지만 점점 짜증이 쌓여갔다.

'저 사람은 아침 먹고 나서 왜 설거지를 바로 하지 않지? 나보고 하라는 뜻인가?' '왜 양말을 벗어서 아무 데나 던져두지? 빨래통에 집어넣으라고 여러 번 말했는데 내 말을 무시하는 건가?' 특히 회사에서 스트레스를 받은 날에는 분노가 치밀어 올랐다.

지영: 오빠 눈에는 더러운 게 안 보여?

남편: 어? 그래? 더러워?

지영: 내가 퇴근하기 전에 알아서 좀 치워놓으면 안 돼?

남편: 깨끗한데 뭘. 너 오면 함께하려고 했지.

지영: 왜 항상 내가 올 때까지 기다려?

남편: 알았어, 알았어.

　

지영 씨는 폭발하듯 소리를 질렀지만 남편은 대수롭지 않은 일이라는 듯 애교를 부리며 적당히 넘어가려고 했다. 이후로도 갈등은 이어졌다. 하루는 두 사람이 장을 보고 돌아온 후 싸움이 벌어졌다.

　

지영: 외출복 입고 침대에 올라가면 어떻게 해? 더럽잖아!

남편: 이 옷 오늘 처음 입었어.

지영: 나갔다 왔잖아. 오빠는 위생 관념이 없어?

남편: 뭐?

지영: 오빠는 항상 그렇지. 뭐든지 대충대충, 제대로 하는 게 없어.

남편: 내가 언제 항상 그래?

지영: 됐어. 내가 이런 사람이랑 결혼한 게 잘못이지.

남편: 뭐? 너 지금 뭐라고 했어?

　

남편과 싸운 일로 지영 씨는 의기소침해 있었다.

"남편이 그렇게 화내는 모습 처음 봤어요. 저도 처음에는 함께 분통을 터트리며 싸웠지만 나중에 생각해보니 제 말이 심했던 것 같아요. 생각해보면, 오빠와 함께 한 시간이 가장 재미있고 행복했는데, 어쩌다보니 제 스타일대로 오빠가 안 따라와 준다고 짜증내고 지적하는 습관이 생겼나 봐요. 이제 어쩌죠?"

🔗 말하지 않으면 모른다

말하지 않아도 알아야 할 사이일 것 같지만 마음 읽기가 가장 어려운 사이, 바로 부부다. 지영 씨처럼 배우자에게 눈으로 사인만 보내도 마음을 알아채고 알아서 척척 해주기를 바라는 이들이 많다. '굳이 이런 사소한 것까지 말해야 하나' '이 정도 지냈는데 내 스타일을 알겠지' 하며 내가 원하는 것을 알아서 먼저 해주기를 바란다.

하지만 사람의 마음속은 아무도 모른다. 당신이 말이나 행동으로 표현하지 않는데 누가 알겠는가. 청결의 기준은 사람마다 다른데 어찌 알겠는가. 가족에게도 당신의 마음을 표현해야 이해하고 알 수 있다.

지영 씨가 생각하는 이상적인 사랑이란 상대가 청하지 않아도 미루어 짐작하고 서로 돕고 보살펴 주는 것이었다. 지영 씨는 남편이 필요한 것이 있으면 눈치 빠르게 움직이는데 반해 남편은 지영 씨가 보내는 신호를 알아채지 못한다며 서운해 했다. "제 부탁을 잊어요. 그래서 같은 얘기를 여러 번 하는데 저만 잔소리꾼이 된 것 같다니까요. 제 말을 무시하는 걸까요?"라고 했다.

하지만 남편은 무시한 것이 아니라 크게 중요하게 생각하지 않았고 필요성을 못 느꼈던 것뿐이다. 당신이 부탁하지 않아도 그가 알아서 도와주리라는 기대는 접어라. 당신이 하고 싶은 말이 있으면 구체적으로 요청하라.

여기서 주의할 점. 가까울수록 예의를 지켜야 한다. 편하게 말하는 것과 무례한 것은 다르다. 그다지 가깝지 않은 사람들이 비난할 때에는 나쁜 말을 듣더라도 쉽게 넘길 수 있다. 그러나 가족으로부터 나쁜 말을 들으면 깊이 상처를 받게 된다. 입술의 '30초'가 마음의 '30년'이 된다는 말이 있다. 상대방에게 상처를 주기 위해 의도적으로, 혹은 본의 아니게 순간적인 말실수가 나올 수도 있다.

중요한 것은 다음번에는 다시는 그런 말을 하지 않도록 스스로 주의를 기울이는 것이다. "당신 같은 사람이랑 결혼한 내가 바보지" "우리 헤어져" "우리 이혼해" 부부싸움을 할 때마다 이런 말이 튀어나온다면 자신과 상대방 가슴에 빠져나올 수 없는 블랙홀을 만드는 꼴이다. 그렇다면 상대방에게 도움을 요청하는 다섯 가지 방법을 알아보자.

🔗 요청은 미리미리 말하라

지영 씨 남편처럼 느긋한 스타일에게 하고 싶은 말이 있다면 미리 이야기하는 것이 좋다. 닥쳐서 재촉하기보다는 미리 이야기를 해서 '마음의 준비'를 할 시간을 준다. 이때 머릿속으로 자신이 원하는 것이 무엇이고 언제 실천하면 좋을지에 대해 생각한 후 상대방이 흘려듣지 않도록 여유가 있는 상태에서 얼굴을 보고 차분하게 이야기한다. 또한 언제까지 하면 좋을지에 대한 시간제한을 두는 것도 방법이다.

"내일 아침 먹고 방안에 있는 책장을 옮기려고 하는데 자기 생각은 어때?"

"요즘 책을 너무 안 보는 것 같아 거실로 빼면 좋을 것 같아. 아침 먹고 11시쯤 옮기면 어떨까?"

"밥 먹고 1시간 있다가 화장실 청소 좀 해줘."

미리 요청하지 않고 "왜 알아서 안 한 거야?"라는 질문은 상대방을 당황스럽게 만들 수 있다.

🔗 명령이 아닌 부탁을 하라

당신이 원하는 것을 상대방이 들어주기를 바란다면 말투에 특히 신경 써라. 말의 뉘앙스에 따라 상대의 태도와 결과가 달라진다. 예를 들어 "자기 빨래 좀 널어" 혹은 "아까 빨래 널라고 했는데 왜 안 널은 거야?"라고 말하게 되면 지시나 명령으로 느껴지기 때문에 '내가 아무것도 안한다고 생각하나? 나를 원망하는 건가?' 혹은 '내가 그렇게 잘못했나? 왜 나만 잘못했다고 하지?'라며 발끈할 수도 있다. 명령하는 말투나 강요하는 말투는 상대방의 부정을 부르거나 자칫하면 싸움으로 이어질 수도 있는 것이다.

🔗 돌려 말하면 오해만 생긴다

직접적으로 말하는 대신 문제만 넌지시 제시하고는 충분히 알아듣게 말했다고 생각하는 사람들이 있다. 자신의 속내를 말하지 않고 알아서 해주기를 기대하다 보면 상대방이 자신의 기대에 못 미칠 때 불만과 불편한 감정이 생긴다. 기대가 높을수록 분노는 커지게 되고 사소한 차이가 쌓여 오해를 만든다. 알아서 하는 사람은 없다. 오히려 말을 빙 돌려서 하거나 간접 화법을 사용하면 상대방이 나의 요청을 못 알아듣거나 묵살해 버릴 수 있다.

"(고속도로 운행 중) 휴게소에 가서 쉬지 않아도 괜찮아?"

→ "휴게소에 가서 좀 쉬었다 가자."

"집에만 있으니까 너무 답답해."

→ "우리 외식이라도 하지 않을래?"

"자기 커피 먹고 싶어?"

→ "나 커피 한 잔 먹고 싶은데 사러 가자."

🔗 구구절절한 설명은 불필요

상대방에게 부탁을 왜 하는지, 왜 그 일을 해야 하는지 구구절절 설명하지 않아도 괜찮다. 당신이 원하는 것을 간단하게 말해도 된다.

21

"실은 내가 어제 하려고 했는데 아직까지 못한 일이 있어서 당신이 해줬으면 좋겠는데 그게 뭐냐면 이웃집에 가서 감사하다고 인사드리는 거야. 며칠 전 과일을 주셨는데, 물론 다 먹지는 못했지만, 아직도 감사 인사를 못 드렸네. 답례로 드리려고 쿠키를 샀는데 갈 시간이 없어서 아직 못 갔어. 내일 갈까 하다가 자기가 가주면 좋을 것 같아서 말이야. 인사 좀 드리고 올 수 있지?"

이 말은 다음처럼 바꾸어서 말하도록 하자.

"자기, 부탁이 있어. 옆집에 쿠키 좀 가져다 드릴래? 쿠키는 신발장 앞에 있는데. 며칠 전 주신 과일 잘 먹었다고 말씀드려줘."

🔗 마지막에는 감사의 인사를

조그마한 부탁이라도 흔쾌히 들어주면 진심어린 감사의 말을 한다. 문 밖에 나가면 사소한 일에도 감사의 인사를 표현하면서도 정작 가족에게는 당연하다는 생각에 감사의 인사를 전하지 않게 된다. 상대방이 보여준 성의와 노력에 대해 감사를 표현하면 앞으로도 신이 나서 잘하게 된다. 다음의 대화를 보자.

A 남편: (집 청소 후) 휴우 힘들다.

　아내: 일주일에 한 번 하는데 뭐가 그렇게 힘들어?

B 남편: (집 청소 후) 휴우 힘들다.

　아내: 내가 얼마나 힘들게 집안일 하는지 이제 알았지?

C 남편: (집 청소 후) 휴우 힘들다.

　아내: 오, 집이 엄청 깨끗해졌네. 다 자기 덕분이야.

당신은 어떤 대답을 듣고 힘이 나는가? 나의 수고를 누군가 별 거 아닌 것처럼 여긴다면 다음에는 그런 행동을 하고 싶지 않을 것이다. 가까운 사이일수록 감사한 것은 감사하다고 말하라. 내가 한 일에 대해 물질적 보상이 아니더라도 감정적 보상을 받으면 존중받고 있다는 느낌이 들어 더욱 분발하게 된다.

🔗 한 발 물러서는 지혜

자신의 말하기 습관을 깨달은 후 지영 씨는 "오빠 나 지금 집에 가고 있으니까 거실 좀 치워줘" "밥 먹고 빨래 좀 널어줘"라고 미리 부드럽게 이야기한다. 또 주말 일정도 미리 체크해서 말해 놓는다. 또한 남편에게 상처 주는 말을 하지 않도록 스스로 주의를 기울이며 자신의 기준을 버리려고 노력하는 중이다. 지영 씨는 이번 일을 계기로 자신이 정한 기준이 정답이 아니며 상대방과 각자의 원칙에 대해 조율하고 타협하는 것이 필요하다는 것을 알게 되었다.

그 후 '로봇청소기 구입', '청소는 이틀에 한 번씩', '주말 설거지는 밥 먹고 한 시간 이내에만 해도 되기' 등의 몇 가지 원칙을 세웠다. 나의 욕심, 잣대, 기준을 버리자.

◇◇◇◇◇◇◇

"어머, 정말 못 생기셨네요"

⌕ 입 밖으로 내뱉은 '마음의 소리'

생각나는 대로 말한다는 것은 무엇을 의미할까. 자기 하고 싶은 말을, 아무 때나 거리낌 없이, 자기 마음대로 하는 실수를 저지른다는 것이다. 혼잣말은 아무 말이나 해도 괜찮다. 아무도 안 들으니까. 하지만 대화는 말하는 사람과 듣는 사람이 존재한다. 내가 아무 생각 없이 한 말이 의도와 다르게 받아들여지면서 오해와 왜곡을, 그리고 상처를 남길 수 있다.

희조 씨는 남자친구와 음식점에 갔다. 그 날은 남자친구가 월급을 받아 한 턱 내기로 한 날이었다. 희조 씨는 식당 분위기와 직원의 응대 방식, 밑반찬까지 영 마음에 들지 않았다.

희조: 여긴 너무 뜨내기 상대하는 것 같아. 오빠가 보기엔 어때?

남자친구: 어, 잘 모르겠는데.

희조: 밑반찬도 하나도 손이 안가고, 직원도 불친절하고, 반찬도 다 던지듯이 놓잖아.

남자친구: 그랬나?

드디어 메인 메뉴인 닭갈비가 나왔다. 이번에도 참지 못하고 바로 말하는 희조 씨.

희조: 어머 이게 3만 원어치야? 양이 너무 적다. 손님이 없는 이유를 알겠네.

희조 씨의 스스럼없는 발언에 같이 간 남자친구의 기분도 침울해졌다. 하지만 전혀 눈치 채지 못하는 희조 씨는 이야기를 계속한다.

희조: 근데 오빠 머리 스타일 바꿀 생각 없어? 8대 2 가르마는 너무 아저씨 같잖아. 내가 오빠에게 어울릴 만한 스타일 찾아줄까? 응? 왜 말이 없어? 갑자기? 화났어?

남자친구: 아니 화 안 났어. 그냥 밥이나 먹자.

희조: 오빠 갑자기 왜 그래? 가만히 있다가….

희조 씨는 전혀 모른다. 남자친구가 왜 기분이 나쁜지. 알고 싶지도 않다. 희조 씨가 보기에 자신은 아무 잘못도 없고 편한 사람끼리 편하게 이야기한 것뿐인데 남자친구가 예민하게 군다고 생각한다. 맛없는 음식을 맛없다고 우리끼리 이야기한 것이 왜 잘못이 되는지, 맛없다고, 불친절하다고 이야기할 수 있지 않느냐고 반문한다.

🔗 "생각 없이 한 말인데 왜 그래?"

영탁 씨의 여자친구도 비슷한 이유로 고민이 많다. 영탁 씨는 모태 솔로로 30대 초반에 여자친구를 처음 사귀었다. 집에 남자 형제만 있어 여자에 대해서 아는 바가 없었고, 남중, 남고, 공대를 나오면서 영탁 씨에게 여자는 더욱 더 어려운 존재가 되었다.

그러다 우연히 거래처 여직원을 처음으로 사귀게 되었다. 업무적으로 하루 2~3번씩 전화하고 카카오톡을 통해 이런저런 가벼운 이야기를 하다가 영탁 씨가 용기를 내서 고백을 했고 여

27

자친구도 받아주면서 둘의 만남은 시작되었다.

영탁 씨는 꿈에 그리던 이성과의 만남에 좋은 날만 있을 거라고 생각했는데 어느 날부터인가 다툼이 잦아지기 시작했다. 하지만 영탁 씨는 그 이유를 모른다.

영탁: 백홀 장비 좀 내일까지 보내줄 수 있지?

여친: 재고 확인해봐야 하는데, 물건이 없을 수도 있어.

영탁: 우리 것부터 챙겨줘야지. 진짜 사소한 건데 이것도 못해줘?

여친: 미리 말한 것도 아닌데 내가 어떻게 미리 챙겨? 내가 신이야?
       그런 것까지 미리 알게?

영탁: 참 답답하다. 우리랑 거래 한두 번 하는 것도 아니고, 장비가 언
       제쯤 필요할지는 미리 알고 있어야 하는 거 아냐. 그래가지고
       사회생활 어떻게 하려고 그래?

여친: 이런 거 가지고 왜 그렇게까지 말해? 오빠가 우리 회사 시스템
       을 어떻게 안다고?

영탁: 네가 걱정돼서 그렇지. 다음부턴 잘해. 또 이런 일 생기지 않게.

여친: 뭐? 내가 도대체 뭘 잘못한 건데? 오빤 왜 그렇게 말을 하고 싶
       은 대로 막하는 거야? 내가 오빠한테 사회생활이 어떻고, 다음
       부터 잘해라, 이런 말 하면 기분 좋겠어?

영탁: 미안해. 미안해. 장비 빨리 설치해줘야 해서 마음이 급해서 그

랬어. 너 상처 주려고 하려고 했던 말 아니야. 그러니까 이제 화

풀어. 앞으로 말조심할게.

여친: 나 별로 화내지도 않았거든. 오빠 뭘 잘못했는지 알긴 아는

거야?

영탁: 그러니까 미안하다고, 앞으로 안 그러겠다고 했잖아. 이제 화 좀

풀어.

여친: 몰라. 나 오늘은 마음이 너무 상해서 쉽게 풀릴 것 같지 않아.

나중에 통화해.

영탁: 너 지금 나하고 한 번 해보자는 거야?

여친: 뭐?

자신도 모르게 생각나는 대로 말을 내뱉어 버리는 영탁 씨. 하지만 자신은 나쁜 뜻으로 한 말이 아니니 잘못이 없다고 생각한다. '이제 말조심할 테니 그만해라'가 반복되고, 여자친구가 화를 풀지 않으면 '자신과 한 번 해보자는 거냐'며 도리어 여자친구에게 언성을 높이는 상황이 반복되면서 여자친구도 점점 지쳐가고 있다.

얼마 전에는 함께 여행 가기로 했다가 영탁 씨 회사가 바빠져

서 못 가게 되었다. 그때도 그만 '괜찮은 척'을 한다는 것이 여자
친구 마음을 아프게 하는 말을 쏟아내고 말았다.

영탁: 미안하긴 한데 어쩔 수 없잖아. 솔직히 난 여행 못가도 아무렇지
　　　도 않아. 못 가면 못 가는 거지.
여친: 뭐? 그럼 나랑 여행 가기 싫었던 거야?
영탁: 아니, 그런 게 아니고. 그냥 너 많이 서운해할까봐 장난으로 아
　　　무렇지 않은 척 한 거지. 뭘 그런 거 가지고 화를 내냐?

🔗 '너 못 생겼어'는 솔직한 게 아니라 무례한 것

최수철 작가의 소설 《불멸과 소멸》에 이런 문구가 나온다.

서로 사랑하는 사람들은 "믿음"이라는 골재들 사이에 인내심이라
는 진흙을 엉겨 발라서 그들만의 집을 짓는다. 그리하여 그 속
은 비로소 온갖 감정의 덩어리들로 채워진다. 그러다가 외부의
비바람을 맞아 '인내심'이라는 진흙이 무너져 내리면 믿음의 골
재도 앙상하게 드러나고 부식되면 결국 쓰러져 버리게 된다.

사랑하는 사람들이 가장 가슴에 새겨야 할 단어가 믿음과 인내심이 아닌가 한다. 사랑을 하게 되면 그 사람의 말과 행동, 주변 상황을 모두 믿게 된다. 차츰 문제가 되는 말과 행동들이 보이게 되고, 서로 맞춰가는 과정에서 갈등을 겪게 되는데, 싸움을 유발하는 행동들이 잘못된 습관이 누적되어 만들어진 것이라면 그걸 고쳐가는 데 있어서도 그만큼의 인내심과 시간이 필요하다. 갈등이 쌓이다 보면 관계에 안 좋은 영향을 미치고 결국 이별에 이르게 되는 것이다.

먼저 등장한 희조 씨의 상황을 살펴보자. 남자친구가 한 턱 내겠다고 해서 같이 음식점을 갔고, 밥을 먹는데 맛이 없어서 맛이 없다고 말했다. 남자친구의 기분은 왜 상했을까? 희조 씨의 행동은 다른 사람들에게 실례일까 아닐까? 당신의 생각은?

식당은 내 돈을 지불하고 먹는 것이니 맛이 없으면 맛이 없다고 주인에게 어필을 할 수도 있다. 하지만 혼자만 있는 곳이 아니고, 다른 사람들도 밥을 먹고 있는데 식사 내내 '맛이 없네, 반찬이 짜네, 싱겁네'라고 말을 하면 같이 밥 먹는 사람들뿐 아니라 다른 손님들 입맛까지 떨어질 수밖에 없다.

그뿐 아니라 도덕적인 측면에서는 실례가 될 수 있다. 맛의 기준은 사람마다 다른 것이라 옳고 그름을 정할 수가 없다. 나는 맛이 없지만 다른 사람들은 맛이 있을 수도 있는 것이다. 맛없으면 다음에 안 가거나, 너무 심한 경우 주인에게 따로 말을 하는 것이 좋다.

마지막으로 남자친구가 계산하기로 했다는 사실을 떠올려보자. 반대로 희조 씨가 밥 사준다며 남자친구를 데려갔는데, 남자친구가 그 곳에서 "여기 좀 별로다. 그런데 사람들은 왜 이런 데를 줄서서 먹는 거야?"라고 말했다고 생각해보자. 과연 희조 씨 기분이 좋을까? 이건 마치 극장에 영화 보러 갔는데 앞의 사람이 '아, 영화 정말 따분하네, 졸려서 못보겠네'라고 말해서, 몰입해서 보고 있던 내 자신이 갑자기 바보처럼 느껴지는 것과 비슷한 상황인 것이다.

사람들이 다른 사람 앞에서 "어머, 정말 못 생겼네요"라고 하지 않듯이 서비스에 대한 비용을 지불했다고 하더라도 기본적인 예의를 지키는 것이 필요하다. 맛에 대한 평가를 하고 싶다면 식당에서 나온 뒤 조심스레 물어보라. "오빠, 좀 전에 거기 어땠어? 맛있었어?" 하며 객관적인 태도로 말이다. 이때 상대가 맛에 대해 긍정적으로 이야기를 하면 당신도 한 마디만 해라. "응 그랬구나. 난 실은 조미료 맛이 너무 많이 나더라고." 상대가 맛에 대한 부정적인 평가를 내린다면 긴 이야기를 해도 괜찮다.

둘 다 동의한 바이브로.

이번에는 영탁 씨의 상황을 들여다보자. 영탁 씨는 여자친구가 화를 낼 때마다 "내가 여자를 사귀어본 경험이 없어서 말실수 하는 것이니 네가 이해해줘"라고 이야기한다. 자신이 인간적이고 순수해서 그렇게 말한 것이고, 여자들 앞에서 어떤 말과 행동을 해야 하는지, 하지 말아야 하는지 정말 몰라서 그렇게 된 것이라는 변명이다.

영탁 씨의 실수는 무엇일까. 우선 영탁 씨는 자신의 감정에 신경 쓰느라 말을 '필터링'을 하지 못했다. '진짜 사소한 건데 이것도 못해줘' '참 답답하다' '사회생활 어떻게 하려고 그래?'라는 말을 들은 여자친구는 가슴에 상당히 깊은 상처를 입었을 것이다. 자신의 능력을 무시하는 말을 남자친구가 아무렇지 않게 했기 때문이다.

게다가 자신의 감정은 살피면서 상대방의 감정은 별 거 아니라는 식으로 인정하지 않았다. "여행 못가도 아무렇지 않아"라는 말에 여자친구가 화를 내자 장난이라며 "뭘 그런 거 가지고

33

화를 내느냐"며 도리어 상대방을 무안하게 만든다.

결정적인 실수는 여자친구를 자신보다 한 단계 아래에 있다고 생각하는 듯한 발언이다. "너 지금 나하고 한 번 해보자는 거야?"라는 말은 상대방을 동등한 입장에서 보고 한 말이 아니라 자신의 권위에 아랫사람이 도전한다고 생각해 상대방에게 경고의 메시지를 던지는 표현이다. 깊은 곳에 잠재된 무의식이 말로 표출되므로 자신의 생각을 종종 점검할 필요가 있다.

영탁 씨의 생각 없이 툭툭 한 마디씩 나오는 말로 인해 여자친구의 가슴에는 상처가 하나 둘 생겨나고 그러한 상처가 아물기도 전에 다른 구멍이 생기면서 둘의 사이가 점점 벌어지고 있다.

🔗 '막말'하는 사람들의 특징

생각 없이 말하는 사람들의 특징이 있다. 첫째, 자신의 감정에 치우쳐 있다. 이들은 자신의 감정에 집중하느라 다른 사람 감정이 잘 보이지 않는다. 설사 남의 감정이 보인다 하더라도 자신의 감정이 더 중요하기 때문에 못 본 척한다. 또한 자신이 느끼고 생각한 것을 바로 바로 말로 표현하고 상대방에게 확인받는 것을 좋아한다.

둘째, 사회 경험이 적거나 지나치게 솔직한 사람들이 말실수를 저지를 확률이 높다. 어릴 때는 아무 말이나 불쑥 해도 문제가 없지만 사회생활에서는 장난 섞인 말투로 언급한 내용이 자신에게 독이 되기도 하고 상사에게 혼도 나면서 자연스레 입조심을 하게 된다. 반면 사회 경험이 적거나 지나치게 솔직하면, 말해야 할 때와 침묵해야 할 때, 또 처음 만난 사람과 사회적 거리를 어느 정도 유지해야 하는지 감을 잡을 기회가 적어 실수를 저지를 가능성이 높다.

셋째, 사람들에게 주의를 기울이지 않고 상대방의 말을 유심히 듣지 않는다. 생각하고 말한다는 것은 대화의 맥락을 파악한 다음 상대방의 생각과 감정을 이해하고 말을 하라는 것이다. 생각 없이 말을 하는 사람은 상대방에게 주의를 기울이지 않기 때문에 상대방의 상황이나 감정에 대해서 잘 모르고, 경청을 하지 않기 때문에 대화의 맥락도 파악하지 못한 채 자신이 하고 싶은 말을 여과 없이 불쑥 입 밖으로 내뱉으면서 문제가 발생한다.

그럼 생각 없이 말하는 사람은 인간관계도, 연애도 못하는 것일까? 아웃사이더로 혼자 살아야 할까? 물론 아니다. 정말 몰라서, 상황 판단이 안 돼서 말실수를 하는 것이니 알려주면 된다.

두 사람 사이의 근간을 흔들만한 말실수가 아니라면 인내심을 갖고 차근차근 알려줘야 한다. 또한 말실수로 인해 둘 사이에 문제가 생겼다면? '사과'의 과정에 반드시 갈등이 되었던 '문제'에 대한 '답'을 구하길 권한다. 그렇지 않으면 한 번 넘은 선은 또 넘기 쉬워지고 결국 별로 다르지 않은 문제로 다시 둘의 사이가 벌어질 것이다.

또한 문제를 함께 푸는 것이 더 빠르게 해답을 찾을 수 있다. "아까 나 사실 기분이 안 좋았어. 오빠 말에 좀 상처받았거든"이라거나 "나 식당에서 음식에 대한 이야기하는 건 좀 불편한데 나가서 해도 될까?"라는 식으로 바로 말하면 상대방이 '아차' 하면서 자신의 실수를 깨닫게 된다.

그리고 입장이 바뀌었다면 상대에겐 어떻게 받아들여졌을지 생각해보라고 권해주자. 사람은 자신에게 관대하고 남에게는 엄격하기 마련인데 그러한 상황을 정확하게 이해할 수 있도록 도와주는 것이 필요하다. "네가 하루 종일 음식 만들었는데, 내가 맛보고 '맛이 별로네, 너무 짜'라고 말하면 기분이 어떨 것 같아? 내가 그래서 아까 기분이 안 좋았던 거야"라고 말이다.

⟋ "난 왜 이러지?"가 아니라 "어떻게 해야 하지?"

다음으로, '너 자신을 알라'는 소크라테스의 말을 기억하자. 무심코 말과 행동을 하지 않으려면 자각적인 노력을 기울여 고쳐야 한다. 한 번 더 생각하고 난 후에 언행을 하는 습관을 들이는 것 외에 다른 도리가 없다. 후회할 일을 저지르고도 매번 '아, 난 왜 이러지!' 하면서 자책하는 데 그친다면 그 다음에도 앞으로 나아갈 수가 없다. '난 왜 이러지?'가 아니라 '어떻게 해야 하지?'라는 질문을 던지고 스스로 잘못을 고칠 수 있는 구체적인 실천사항을 단 하나라도 행동으로 옮겨야 한다.

혹 어떤 말을 생각 없이 뱉어 놓고는 그 말을 왜 했는지 모르겠다거나 그 말을 주워 담고 싶은 심정이 든다면 '내가 그런 말을 왜 했을까, 다시 그 자리에 간다면 어떻게 말하면 좋을까?' 하고 스스로에게 정직하게 물어보기를 권한다.

또한 말이 뇌를 거치지 않고 입으로 바로 나오는 사람은 상대방의 말이나 행동에 즉각 반응하지 않는 연습을 하면 좋다. 상대방이 어떤 말을 했을 때 바로 대답하지 않고 입을 다물고 살짝 미소를 지으며 상대방의 눈을 쳐다보는 연습은 매우 효과적이다.

심리학 기법 중에 S-T-C(stop-think-choose)기법, 즉 멈추고 생각하고 선택하라는 말이 있다. 상대방과 대화할 때 자신의 말과 행동을 조정하는 방법 중의 하나이다. 충동적으로 말하거나 행동하기 전에 잠시 멈추고, 생각한 뒤, 말과 행동을 선택하는 것이다.

흔히 감정적으로 대응한 후 후회하는 경우가 많다. 습관적으로 나오는 자신의 말과 행동을 점검한 후 S-T-C 기법을 활용하게 되면 조금 더 지혜로운 사람이 될 수 있다. 지혜로운 사람은 하고 싶은 말이 있어도, 말의 맥락과 말하는 사람의 상황을 살피고 해야 할 말, 하지 말아야 할 말을 구분한다. 나부터 지혜로운 사람이 되어야겠다.

듣는 사람이 재밌어야 농담이다

마지막으로 내가 듣기 싫은 말은 상대에게도 하지 말자. 농담이라며 자꾸 상대가 듣기 싫은 말을 하는 사람이 있다. 상대가 두 번 이상 거절 의사를 밝혔으면 그건 그 이야기가 듣기 싫다는 것이다. 상대의 콤플렉스를 건들지 말자.

"우리 예령이는 배가 너무 푹신푹신해."

"지현이는 머리가 커서 멀리서도 잘 보이더라고"

"졸업한 지가 언젠데 취업 준비 안 해? 취업할 생각이 없는 거 아냐?"

"나 같은 사람 만난 거 행운인 줄 알아. 네가 어디 가서 나 같은 사람 만나겠냐?"

이런 말을 듣는다면 어떤가. 당신이 듣기 싫다면 상대방도 듣기 싫은 법. 연인 사이에도 지켜야 할 예의가 있다. 상대의 자존심을 짓밟지 말기를.

39

◇◇◇◇◇◇◇◇

"내가 너한테 한 만큼
너도 나한테 돌려줘"

🔗 결혼 후 변해버린 사람

결혼 4년차인 수정 씨는 남편의 끈질긴 구애 끝에 결혼했다. 직장 동료였던 남편의 외모가 전혀 마음에 들지 않았지만 남편의 적극성과 한결같음이 수정 씨의 마음을 움직였다. 남편은 수정 씨가 입사했을 때부터 짝사랑을 해왔다고 한다. 연애하는 동안에는 입 안의 혀처럼 수정 씨가 원하는 것이라면 무엇이든 군말 없이 해주던 남편. 수정 씨도 그러한 남편의 자상함을 당연한 것으로 받아들였고, '내가 만나주는 데 이 정도는 해줘야 하는 거 아냐'라는 생각을 하게 되었다.

하지만 결혼 후 남편은 달라졌다. 더 이상 수정 씨를 위한 선물 공세도, 립 서비스도, 자상함도 사라져버렸다. 수정 씨는 이런 상황이 전혀 이해가 되지 않았고 서운함을 이야기한다는 게 그만 남편의 자존심까지 꺾어버린 것 같다. 처음 시작은 이랬다.

수정: 고마운 줄 알아야지. 키도 작고 집안도 별로인 자기한테 나 아니면 누가 시집을 오겠어? 아마 나 아니었으면 지금도 노총각으로 외롭게 살고 있을 걸? 자기가 불쌍해서 구제해 주었는데 어떻게 이럴 수 있어?

남편: 내가 언제 당신에게 구제해달라고 했어? 당신도 좋아서 결혼해 놓고 지금 와서 그런 말을 왜 해?

수정: 결혼 후에 당신이 변해서 그런 거지. 친구들 있는 곳으로 데리러 오라는데, 그런 사소한 것도 못해줘?

남편: 나도 술 먹고 있어서 못 갔다고 했잖아. 미안하다고.

수정: 몰라, 자기는 변했어. 자기가 그동안 나한테 해준 게 뭐가 있어?

남편: 그래, 내가 고작 그 정도밖에 안 되는 남자지. 다 내 잘못이다.

남편은 방으로 휙 들어가 버렸고 혼자 남겨진 수정 씨는 분을 삭이지 못해 씩씩거렸다. "불쌍해서 결혼해줬더니 나한테 이렇게 해? 나니까 당신이랑 살아주는 거잖아! 그런데 왜 몰라줘.

내가 이만큼 베풀었는데 당신도 어느 정도는 희생해야 하는 거 아냐?"라며 섭섭함을 쏟아놓았다.

🔗 기대가 클수록 실망도 크다

수정 씨가 바란 것은 일종의 '보상심리'였을 것이다. '내가 지금껏 이렇게 해줬는데 왜 나에게는 더 안 해줘?'라는 미묘한 심리가 발생한 것이다. 수정 씨 입장에서는 가진 것 없는 남편이 불쌍해서 자신이 구제해준다는 생각으로 결혼을 했고, 자신의 희생을 남편이 안다면 그에 대한 '보상'을 해줘야한다고 생각했다. 하지만 자신의 바람대로 남편의 행동은 따라주지 않자 섭섭함이 억울함으로 표출되었다.

섭섭함은 어디에서 오는 것일까? 기대에서 온다. 내가 해준만큼 상대방도 해줄 거라고 생각했는데, 그렇지 않으면 섭섭하다. 기대가 클수록 실망감도 크다. 이 기대가 무너지면 분노, 우울감이 생기고 짜증이 나는 것이다. 보상심리와 기대심리는 함께 움직이는 단짝친구다.

정말로 수정 씨의 말이 진심이라면 결혼에 좀 더 신중했어야 했다. 자전거나 노트북 하나를 사도 가격 비교와 수많은 상품평을 읽은 후 몇 날 며칠 고민해서 결정하는데 결혼을 그렇게 하는 사람이 어디 있는가? 결혼은 연민이나 동정의 마음으로 하는 것이 아니다. 상대가 불쌍해서 결혼하는 사람이 어디 있겠는가? 그럴 거면 봉사단체에 들어가서 봉사를 했어야 한다.

단순히 화가 나고 야속해서 이런 심한 말을 하는 것이라면 원인이 자신에게 있음을 알고 고쳐나가야 한다. 평생 그 사람에게 "어떻게 당신이 이럴 수 있어? 내가 어떻게 해줬는데?"라는 식으로 초점을 맞추면 싸움이 잦아질 수밖에 없다. "불쌍해서 결혼해줬다"라는 말을 반대로 수정 씨가 듣게 된다면 얼마나 비참할까? 그런 사람과 결혼한 당사자도 불쌍한 사람이 돼버리고 말이다.

그렇다면 이번에는 남편의 입장에 서보자. 오랫동안 짝사랑했던 여자. 1년 여 기간의 연애. 이 여자 아니면 안 될 것 같았고 이 여자다 싶었는데 시간이 지나고 나니 찾아온 권태기. 자기 혼자 수정 씨를 열렬히 사랑했던 것 같고, 수정 씨의 마음을 얻기 위해 다 맞추었다고 생각할 테니 이제 수정 씨도 자신에게 맞춰줬으면, 나를 지지해줬으면 하는 마음이 문득문득 들지 않을까? 오히려 남편 입장에서 보상심리가 더 클 것 같다는 생각이 든다.

사람이라면 누구나 어느 정도의 보상심리가 있게 마련이다. 내가 상대방에게 100을 주면 100을 다 돌려받지 못한다 하더라도 어느 정도는 돌려받을 수 있을 거라는 기대를 하게 된다. 하지만 그 기대치가 너무 높아지면 실망으로 이어지고 급기야 싸움으로 번지기도 한다.

🔗 "너는 나를 사랑하지 않는 거야"

이번에는 현아 씨의 이야기를 잠시 보자.

현아: 내가 자기한테 전화 얼마나 많이 한 줄 알아? 자기는 왜 먼저 전화 안 해?

남친: 미안해. 어젠 좀 많이 바빴어.

현아: 자기만 일해? 자긴 밥도 안 먹어? 화장실도 안 가?

남친: 그게 무슨 말이야?

현아: 그렇게 전화할 시간이 없냐고. 아무래도 자긴 날 사랑하지 않는 것 같아. 왜 먼저 전화하는 건 매번 내가 해야 하지?

남친: 무슨 말이야. 그게. 자기를 사랑하는 건 변함이 없어.

현아: 자긴 일에만 매달리고 나는 안중에도 없어.

남친: 미안해.

얼마 후 현아 씨 생일이 다가오자 현아 씨는 남자친구의 따뜻함과 선물을 기대하고 있었다. 몇 개월 전 남자친구 생일에는 자신이 좋은 레스토랑도 예약하고 비싼 무선 이어폰도 선물로 사주었기 때문에 자신을 사랑한다면 남자친구가 미리 준비를 했을 거라고 생각했다.

그러나 이날 남자친구는 회사 일로 인해 약속시간에 한 시간이나 늦었고, 바빠서, 시간이 없어서 그랬다며 꽃 한 송이 없이 빈손으로 왔다. 현아 씨는 이 일로 또 남자친구와 다투게 되었다.

현아: 자긴 정말 너무 하는 거 아냐? 어떻게 내 생일에 빈손으로 올 수가 있어?

남친: 미안해. 너무 바빠서 미처 살 시간이 없었어.

현아: 그건 핑계지. 잠깐 나가서 화장품이라도 샀어야지.

남친: 넌 화장품 아무거나 안 쓰잖아. 그래서 못 사왔어.

현아: 자긴 진짜 너무한다. 내가 자기 생일에 ××팟 사준 거 기억나?

남친: 어.

현아: 그거 30만 원짜리야. 근데 자기는 빈손으로 오고! 정말 나를 사
  랑하지 않는구나.

현아 씨는 자신이 많이 바란 것도 아닌데 그걸 못해주니 무
척 서운하고 실망스럽고, 자신에 대한 성의가 없다고 생각해서
심각하게 이별을 고민 중이다. 하지만 현아 씨의 남자친구도
억울한 부분이 있다. 취업하기 전에는 주로 현아 씨 동네에 가
서 데이트를 했고, 아르바이트 한 돈을 모아 현아 씨 등록금에
보태주기도 했는데, 그런 건 깡그리 잊어버리고 현재 서운한 것
만 이야기하니 말이다.

어쨌든 이 상황에서는 남자친구가 잘못한 것이 맞다. 아무
리 바빠도 현아 씨 취향을 고려한 선물 하나 준비했으면 좋았
을 뻔했다. 하지만 현아 씨의 표현도 문제가 있다. 남자친구가
자신을 사랑하지 않는다는 말을 반복해서 하면 서로에게 상처
가 되고, 상대방에게 받은 것은 생각 안 하고 자신이 해준 것
만 생각하면 안 된다.

 🔗 대가를 바라고 해주는 것은 '거래'

기억하자. 보상심리가 발동한다는 것은 정신건강에 적신호가 왔다는 것을. 처음부터 무언가를 바라고 해주는 사람은 없다. 어느 순간에선가 내 입장을 몰라준다는 서운함이 쌓여 그렇게 된다. 어찌 보면 보상심리가 나타난다는 것은 오래된 연인에게 나타날 수 있는 하나의 신호다. 처음에는 뭘 해줘도 아깝지 않다가 내가 이만큼 해줬는데 이만큼 돌아오지 않는다는 생각이 들기 시작할 때쯤은 벌써 눈에 콩깍지가 벗겨졌을 때인 것인 것이다.

하지만 이러한 감정을 현명하게 풀어내면 오랫동안 연인관계를 유지할 수 있게 된다. 연인과의 관계를, 부부와의 관계를 좋게 유지하고 싶다면 '대가를 바라는 마음'을 버려야 한다. 사람들은 자신이 다른 사람에게 얼마만큼 많은 정성과 호의를 베풀었는지, 얼마나 많은 도움을 받았는지 마음 속 일기에 기록한다. 문제는 내가 받은 도움보다는 베푼 호의를 더 많이 기억하게 된다는 것이다.

돈을 빌려준 사람은 기억해도 돈을 빌려간 사람은 잊는다는 말처럼, 내가 해 준 건 더 오랫동안 기억하게 되어 있다. 내가 베푼 호의가 기대만큼 보답 받지 못할 때 '내가 얼마나 잘해줬는데'라는 생각이 올라오면서 호의를 베풀었던 상대방이 미워지고 생색을 내고 싶어진다.

1. 보상심리가 강하게 올라올 때는 자신의 감정상태를 알아야 한다.

'아, 나한테 안 해줘서 서운한 게 아니라 내가 받고 싶은 게 너무 많아서 그렇구나.' 결국 자신의 문제라는 것을 깨달아야 한다. "나 사랑하는 거 맞아?" "왜 이런 것도 못해줘"라고 말하는 것은 '왜 날 더 사랑해주지 않는 거야'라는 투정의 표출이다. 어린아이처럼 미성숙한 감정이 그런 표현으로 나타나는 것이다. 타인에 대한 의존성을 버리고 독립된 성인으로 설 수 있도록 자신을 살펴봐야 한다.

2. 상대에게 실망했더라도 나무라지 말자.

연인관계에서 자주 다투는 주제 중 하나가 연락 문제다. 연락을 자주하는 사람이 더 많이 좋아한다고 생각하기 때문이다. 연락에 대해서 서운함이 있다면 "연락도 안 하고 어떻게 나한테 이럴 수 있어?"가 아닌 "내일부터는 자기도 중간 중간 전화 걸어줘" "바쁜 일 끝나면 전화해"라고 말할 수 있는 여유를 갖자. 그리고 상대에 대해 지나치게 의존하지 말고 즐겁게 할 수 있는 다른 일을 찾자. 쇼핑, 운동, 자격증 취득, 영어 공부, 독서, 명상, 목욕이나 마사지, 심리 상담, 그림 그리기, 음악 듣기 등 자신만의 취미생활을 찾자.

3. 서로를 존경하고 존중하는 마음을 표현하라.

상대를 무시하고 원망하는 관계는 서로에게 독이 된다. 서로를 존경하고 존중하는 마음이 매우 중요하다. 배우자를 존경하고 존중하면 배우자는 존경받기 위해 최선을 다한다.

처음 수정 씨 사례로 돌아가보자. 수정 씨의 말에서는 기본적으로 남편에 대한 존중과 존경이 드러나지 않는다. "내 말 잘 들어야지. 내가 이렇게까지 해줬는데, 너는 왜 안 해줘?"라는 말까지 하게 된다면 상대 입장에서는 "그래, 내가 고작 그 정도밖에 안 되는 사람이지"라는 자괴감부터 "그러는 넌 얼마나 잘났는데?"라는 반발심까지 들게 된다.

상대의 수고를 인정하고 존경하는 표현을 하자. "당신이 우리 집 가장인데 당신 먼저 먹어야지." "당신은 진짜 성실해. 술을 먹더라도 지각이나 결근을 안 하니까 말이야.

49

애들도 당신 보고 자라서 성실하게 학교생활할 거야." "술 먹고 왔는데도 분리수거 해줘서 고마워." 이런 말 한 마디가 사랑을 유지시켜주는 법이다.

"네가 뭘 알아?"

🔗 교통사고 났다는 전화에 화부터 내는 사람

주변에 이런 사람 꼭 있다. 매사에 사사건건 자기가 옳고, 뭔가 빈틈없어 보이려고 하고 가르치는 말투를 쓰는 사람. 뭐든 다 아는 것처럼 이야기하고 그게 또 맞는 내용도 아닌데 말은 엄청 힘줘서 하는 사람 말이다. 떠오르는 사람이 없다고? 그럼 다음의 사례를 보자. 당신의 배우자 혹은 연인이 운전을 하다가 접촉사고를 냈다. 이때 당신의 반응은?

① 그러게 내가 뭐랬어? 차선 바꿀 때 한 번 더 확인하라고 했지?

② 어머, 자기 괜찮아? 어디 다친 데 없어?

51

③ 많이 놀랐겠다. 보험사는 불렀어?

④ 그래, 사고 난 건 어쩔 수 없지 뭐. 보험처리하면 되니까 자기 마음
이나 좀 진정시켜.

몇 번의 대답을 할 것 같은가? 1번만 아니면 됐다. 운전하다
가 사고 났을 때 당사자의 마음이 얼마나 불안하고 답답할지
전혀 알아주지 않는 '극단적 객관성'을 유지하며 지적하는 1번
만 아니면 괜찮다. 당신이 1번처럼 말하는 편이라면? 당신의 대
화 스타일에 대한 심도 깊은 분석이 필요하다. 그래서 준비했
다. 나는 '나잘난 박사'인가 테스트. '나는 이런 표현을 자주 쓰
는가?'

─ 그래서 지금 어떻게 된 건데? 객관적으로 팩트만 말해봐.
(예/아니오)

─ 왜 그렇게 생각하는데? 지금 ~하고 싶은 거야? (예/아니오)

─ ~할 거라고 아까 말했잖아. 내가 전에 말했던 것 같은데.
(예/아니오)

─ 이렇게 하는 게 맞는 거야. 자기가 잘못한 거잖아. 내 말이 맞다니
까. (예/아니오)

— 잠깐만, 남편을 아빠라고 부르면 안 되지. 아까 말한 것 중에 이건 이렇게 말해야 하는 거 같아. (예/아니오)

— 알면서 계속 왜 그러는 거야? 자기 오늘 왜 그래? 넌 항상 그런 식이지? (예/아니오)

— 자기가 말한 것보다는 내가 말한 게 낫다니까. 확실히 그렇다니까. 그게 당연한 거 아냐? (예/아니오)

— ~라고 알아? 몰랐지? ~의 종류가 몇 가지나 되는 줄 알아? 내가 알려줄까? (예/아니오)

여덟 가지 항목 중 다섯 가지 이상이 '예'라고 나왔다면 당신도 '나잘난 박사'에 속한다. 이들의 특징은 다음과 같다.

— 현재 발생한 상황이나 사건, 사실에만 집중한다.

— 분석적이고 비판적이며 따지는 스타일에 속한다.

— 가까운 사람들의 잘못된 생각, 판단을 고쳐주려고 노력한다.

— 매사 옳고 그름(시시비비)을 가리는 것을 중요하게 생각한다.

— 대화가 산만해지면 정리하고 틀린 것을 바로잡는다.

— 배우자(연인)의 사소한 잘못도 일일이 지적하려는 경향이 있다.

— 반면 나의 잘못은 은근슬쩍 넘어가려고 한다.

— 항상 내 생각이 옳고 정답이라는 생각이 있다.

— 나의 경험, 지식을 다른 사람에게 알려주는 것을 좋아한다.

그렇다면 '나잘난 박사'와 함께 살고 있는 이들의 입장을 한 번 들어보자.

— 나는 당신의 배우자(연인)이지 당신의 자식이 아니다. 당신의 학생
도 아니다.

— 자식 가르치듯이, 학생 야단치듯이 말한다면, 나는 한숨을 쉬면서
대화를 빨리 끝내고 싶어 할 것이다.

— 나는 배움과 가르침을 받고 싶다고 요청하지 않았다. 내가 도움을
요청할 때 요청하는 부분에서만 당신의 지식과 지혜를 방출하면
어떨까.

— 당신 지식의 깊이나 넓이를 알고 싶지 않다. 당신이 꼭 알려야 한
다는 사명감으로 전달한다 해도 상대는 그다지 알고 싶지 않은 이
야기들이라 와 닿지 않는다. 게다가 그 가르침 내용도 눈이 번쩍
뜨일 만큼 대단한 것이 아니라는 사실. 네이버나 구글이 더 똑똑하
므로.

이번에는 여자친구의 '선생님 말투'로 인해 스트레스를 받고 있는 한 남성의 사례를 보자.

> 남자: 어제 보일러가 고장 나는 바람에 밤새 추위에 벌벌 떨었어.
>
> 여자: 그러게 내가 진작 보일러 고치라고 이야기했잖아.

> 남자: 어제 술을 너무 많이 마신 것 같아. 속이 너무 쓰려.
>
> 여자: 내가 술 많이 먹지 말라고 했어 안했어? 했지?

> 남자: 교수님이랑 만나기로 했는데, 늦을 것 같아. 어쩌지?
>
> 여자: 어휴 내가 일찍 나가라고 했잖아. 왜 자꾸 그래?

이 대화를 유심히 살펴보자. 여성의 답변에 공통점이 있다. 남자친구의 감정이나 기분을 전혀 살피지 않고 객관적 사실 위주로만 이야기한다는 점이다.

첫 번째 대화에서 남성은 왜 '밤새 덜덜 떨었어'라는 말을 했을까? '너무 춥고 외로웠어'라는 자신의 기분을 여자친구가 알아주기를, 자신을 위로해주기를 바라고 한 말이었을 것이다.

55

두 번째 대화로 넘어가서, 여자친구가 "~하라고 했어 안 했어? 했지?"라고 말한다면 잘못을 추궁하고 상식적으로 생각 좀 하라고, 엄마에게 혼나는 것 같은 기분이 들 것이다.

또한 세 번째 대화처럼 당신에게 "(한숨 쉬며) 어휴, 왜 자꾸 그래?"라는 말을 한다면 늘, 자꾸만 그런 잘못을 저지르는 사람으로 전락해버린 느낌이 들 수 있다. 양쪽 모두 기분 좋은 대화를 할 수 있는 방법에 대해 생각해보자.

1. 내용보다는 감정에 집중

"이 점에 대해서는 내가 옳아!"

"미안하지만 넌 틀렸어."

이렇게 감정이 아닌 사실 위주로 말하다보면 상대방의 기분을 헤아리지 못하게 되어 갈등이 유발될 수 있다. 본인이 틀렸다고 대놓고 말하는데 기분 좋을 사람이 어디 있겠는가. 그럼 상대방 또한 "그럼 너는 뭘 잘했는데?"라는 식의 시시비비를 가리려고 하는 말싸움으로 이어질 확률이 높다.

논리적이고 이성적인 유형은 사실에 기반한 객관적인 팩

트만 이야기하는 것을 좋아하다 보니 상대방의 감정이나 기분에 공감하지 못하게 된 것이다. 상대방의 입장이 되어 감정을 짐작하고 그것을 말로 표현하도록 노력한다.

2. 언어에도 '쿠션'이 있다

쿠션언어는 말과 말 사이에 쿠션을 넣어 부드럽게 만드는 것이다. 논리적이고 비판적인 유형은 "내가 당연히 맞지" "이렇게 해야 돼"라는 일방적이고 단정적인 표현을 자주 사용함으로써 자신의 논리를 더욱 확고하게 만드는 경향이 있다.

이런 표현들은 상대방에게 위화감을 줄 수 있으므로 "내 생각엔 ~하면 좋을 것 같아, 내가 보기엔~, 나라면 ~할 것 같아, 너도 잘 알겠지만" 등의 표현들로 부드럽게 표현을 바꾸어가자. 또한 "내가 볼 땐 ~한데 네 생각은 어때?" 하고 상대방의 의견을 물어봄으로써 상대가 스스로 생각하고 결정할 수 있도록 하자.

3. 칭찬, 인정, 격려를 많이 사용한다

설사 배우자(연인)의 단점이 먼저 눈에 띄더라도 말하지 말자. 서로 좋은 점만 말로 표현하도록 노력해 보자. 자신이 받고 싶은 칭찬과 지지, 격려와 힘을 오히려 상대방에게 주면 돌아오게 되어 있다. 내가 받고 싶은 것을 먼저 주자.

또한 배우자(연인)과의 대화는 분명한 초점이 있어야 하는건 아니니 별 이야기가 아닌 것 같더라도 때로는 길게 이야기도 들어주고, 틀린 이야기를 하더라도 참자. 말을 줄이고 상대방이 요청하는 부분에서만 언급한다면 당신과의 대화는 다시금 즐거워질 것이다. 대화하는 방법을 배웠으니 이제 다시 답변해볼까?

남자: 어제 보일러가 고장 나는 바람에 밤새 추위에 벌벌 떨었어.

여자: 어머? 정말? 자기 너무 추웠겠다. 어떻게 밤새 참았어? 지금 몸 괜찮아? (상대방의 감정을 알아주고 인정해준다.)

남자: 어제 술을 너무 많이 마신 것 같아. 속이 너무 쓰려.

여자: 그렇구나. 나 실은 자기가 술을 너무 많이 먹어서 걱정도 되고 기분도 안 좋아. 앞으로는 내가 걱정 안하게 술을 좀 덜 마셨으면 좋겠어. ('나 메시지'로 나의 느낌을 표현하고, 앞으로의 바람

을 담아서 말한다.)

남자: 교수님이랑 만나기로 했는데, 늦을 것 같아. 어쩌지?

여자: 약속에 늦을 것 같아서 엄청 불안하겠다. 빨리 서둘러서 가야겠
어. (상대방의 불안한 마음을 어루만져주면서 행동을 촉구한다.)

논리적이고 이성적인 사람들에게는 이런 표현들이 어색하고
오글거린다는 느낌도 들 것이다. 그러나 말투와 표현으로 인해
점수를 따기도 하고 잃을 수도 있으니 이왕이면 점수를 따는
편이 좋지 않을까.

"그래, 너 잘났어"

🔗 사랑하기에 받는 상처

두 사람이 함께 살다보면 서로 생각이 다를 때가 종종 발생한다. 이때 대화는 쉽게 말다툼으로 변하고 급기에 싸움으로 번져 서로를 비난하고 경멸하면서 상처를 주기도 한다. 이토록 서로를 마음 아프게 하는 갈등의 시작은 뭘까? 바로 '내 마음을 알아달라는 것'이다. '나는 당신이 이런 말해서 속상하다' '나는 당신이 이렇게 행동해서 화가 났다' '나는 당신이 이러는 게 싫다'며 자신의 입장을 표현하고 나아가 상대의 말과 행동, 마음에 들지 않는 부분에 대해 언급하게 되는 것이다.

이때 상대의 마음만 알아줘도 상처 주는 말까지 진도가 나가지 않고 작은 다툼에서 끝난다. 내 마음을 알아주지 않는다는 생각이 드니까 '상처주기'로 마음이 바뀌는 것이다. 이러한 '상처주기'는 끊임없는 싸움으로 이어지는 도화선이 되고 평생 잊히지 않는 마음 속 불화살로 남게 된다.

🔗 마음을 짓밟는 '무시 발언'

얼마 전부터 하루 씨는 남편과 있을 때는 아이 공부를 가르쳐 주지 않는다. 남편 앞에서 아이에게 잘못된 지식을 알려주다가 몇 번 무안을 당했기 때문이다. 그 뒤 남편은 아이들 앞에서 "모르면 아는 척 하지 말고 인터넷에서 찾아봐" "그것도 몰라? 그러니까 당신도 책 좀 봐"라는 말을 서슴없이 내뱉었고, 세 살인 막내 보느라 힘들었다고 말하면 "집에만 있으면서 뭐가 힘들어"라는 말을 한다. 얼마 전 하루 씨의 마음이 크게 다치는 일이 생겼는데, 남편이 용돈이 부족하다고 용돈을 더 달라고 한 것 때문이었다.

남편: 나 이번 달 용돈 좀 더 줘. 살 거 있어.

하루: 이번 달엔 여유가 없어. 첫째 교육비 내는 달이잖아. 다음 달에

사면 안 될까?

남편: 내가 내 돈 벌어 쓰는데도 네 눈치 봐야 하나? 혹시 너 내 돈으

로 딴 주머니 찬 거 아냐?

하루: 뭐?

반대로 우형 씨는 무조건 요구만 하고 짜증만 내는 아내로 인해 점점 사이가 악화되고 있다. 우형 씨의 수입이 많지 않다 보니 경제적인 문제로 싸움이 잦아졌고. 그때마다 아내는 "돈도 많이 못 벌어오면서 왜 큰소리야?"라며 남편의 기를 꺾었다. 우형 씨는 가족 먹여 살리려고 죽을힘을 다해 일하고 있는데 돈 이야기로 기를 죽이니 화가 나서 "너는 어떻고?"라고 퍼붓게 되었고 아내도 걸핏하면 "능력도 없으면서 무슨 가장이라고. 당장 이혼해"라고 소리친다. 이제 우형 씨 부부는 서로에게 억울함과 적개심만 느낄 뿐이다.

  🔗 관계를 악화시키는 대화법

한 번뿐인 인생, 잘 살아보려고, 행복하려고 가정을 꾸렸는데 어쩌다 분노와 적개심으로 가득 찬 곳으로 바뀌었는지, 안타깝

기만 하다. 부부의 갈등이 생기는 요인에 대해 고민해보았다.

1. 밖에서의 권위를 집안까지 끌어들인다.

회사에서 부장님, 사장님이라 할지라도 집에 오면 아내, 남편, 아빠, 엄마인 것이다. 집에서도 대접 받으려고 하면 안 된다. 펩시콜라의 회장이었던 인드라 누이(Indra Nooyi)의 일화를 보자. 누이가 펩시 회장이 되었다는 소식을 어머니에게 전하자 어머니는 대뜸 누이에게 "나가서 우유를 사와라"라고 했다. 누이는 서운한 마음에 "제가 펩시 회장이 됐는데 우유나 사오라고 하시나요?"라고 말하자 돌아온 건 어머니의 꾸짖음이었다. "펩시 회장이라는 왕관은 차고에 두고 오렴. 펩시의 회장일지라도 네가 집에 오면 넌 우선 아내이자 엄마란다."

2. 대화할 때 비교하고 무시하는 말을 많이 한다.

"옆집 남편은 아무리 피곤해도 음식물 쓰레기는 꼬박꼬박 버려주던데" "혜선이는 남편이 보너스 타서 명품 백 사줬다더라" "화장실 청소하라고 한지가 언젠데 TV만 보는 거야? 그렇게 게을러 가지고 회사 일은 어떻게 해?" "며느리 역할 제대로 한 게 뭐가 있어?"라는 식의 말은 입 안으로 삼켜야 한다. 어릴 때도 친구와 비교 당하는 게 제일 싫었고, 살면서 참기 힘든 때가 무시당한다고 느낄 때인데, 가장 가까운 배우자에게 듣게 되면 좋은 반응이 나가기는 어렵다.

3. 독단적이고 외골수적인 성향이 강하다.

가부장적 남성의 경우 특히 두드러지는 문제다. 가정에서 남편만이 모든 문제를 결정하는 존재로 생각하며 모든 문제를 혼자서 해결하고 아내에게 통보하려고 한다. "일주일 후에 어머니랑 저녁 먹기로 했으니까 당신은 토요일 6시에 거기로 오면 돼"라는 식이다. "너는 가만히 있어. 내가 다 알아서 할게"라거나 "당신이 뭘 알아?"라는 식으로 무시하는 말을 자주 사용한다.

4. 상대방 말의 의미를 확대, 축소 혹은 과장해서 해석한다.

가령 남편이 아내에게 "밥 먹었어?"라고 물었을 때 "안 먹었으면?"이라고 공격적으로 답한다거나, 아내가 거울을 많이 보면 "딴 남자 생긴 거야? 거울을 왜 그렇게 많이 봐?"

라는 식의 반응을 하는 것이다.

5. 상대방의 이야기를 들어주기보다 자신의 입장을 대변하는 데 급급하다.

두 아이 엄마인 희정 씨는 아이들에게 '아빠의 사랑'을 보여주고 싶어 남편에게 퇴근 후 한 시간 동안 육아를 부탁했다. 남편은 대번 "힘들게 일하고 온 사람한테 애까지 보라는 거야?"라고 말했다. 한 번은 남편이 저녁밥을 달라고 해서 점심 때 먹은 스파게티 소스에다 면을 볶아주자 "밥 달라니까 또 스파게티야? 한국 사람이 밥을 먹어야지 왜 맨날 면이야?"라고 말한다. 아이가 아파서 반찬 만들 시간이 없었다는 것을 말할 틈도 주지 않고 말이다.

6. 상대방을 비난하는 말을 자주 사용한다.

비난이란 의견 대립이 있는 상황과 상관없이 성격이나 인간 됨됨이를 문제 삼는 것이다. "무능력한 당신 때문에 이렇게 된 거잖아" "어린애같이 왜 그래?" 같은 말은 '비난'일 뿐임을 기억하자.

비난의 언어를 많이 쓰는 사람은 '항상' '절대로' 같은 부정적인 단어를 사용해 단정적으로 말한다. "넌 항상 약속을 제대로 지킨 적이 없지" "당신이 늘 그렇지 뭐. 제대로 하는 게 없어"라고.

또한 욕이나 비하하는 말 등 거친 말을 많이 쓴다. "개천에서 용 난 주제에" "애들도 널 닮아서 머리가 멍청하면 어떻게 하나?"처럼 말이다. 혹시 이런 표현을 자주 쓰는가? 그럼 힘들게 쌓은 유대감이 점점 약해져 결국 허물어지게 된다.

⬭ '가트맨의 15분'을 보면 미래 이혼 여부가 보인다

가족 치료 권위자인 존 가트맨(John Gottman) 박사는 "어느 부부의 대화를 15분 정도만 지켜봐도 앞으로 이혼할지 그렇지 않을지를 90% 확률로 예측할 수 있다"고 말한 바 있다. 부부 갈등의 원인은 서로 주고받는 말에 있다는 것이다.

안정되고 행복한 결혼 생활을 하는 부부의 경우 긍정의 말 대비 부정의 말의 비율이 평균 5대 1이었다. 반면 사이가 좋지 않은 부부는 비율이 1대 0.8에 그쳤다. 이를 '가트맨 비율'이라고 부른다. 가트맨은 부부의 부정적인 의사소통으로 다음 네 가지 유형을 꼽는다.

— 비난

— 방어(변명)

— 경멸(무시)

— 담 쌓기(도피)

이 네 가지 유형의 말을 습관적으로 하는 부부 중 94%가 이혼에 이른 것으로 가트맨은 결론 내렸다.

침착하게 생각해보자. 인간관계에 있어 신뢰는 내가 누군가를 믿는 것이 아니라 내가 누군가에게 믿을 만한 사람이 되는 것이다. 결혼 생활 또한 나의 필요를 채우는 것이 아니라 상대의 필요를 채워주는 것이다. 사랑은 받는다고 생각하지만 내가 사랑을 줄 때 비로소 '내가 누군가에게 소중한 사람이구나'라는 걸 깨닫게 되고 존재의 가치를 느끼면서 행복감을 느끼게 된다.

당신은 배우자를 바꾸기 위해 비난의 말이나 무시의 말을 사용한다고 생각하겠지만 결정적으로 이러한 공격으로는 상대의 행동을 바꿀 수 없다. 문제 해결이 되지 않는다. 오히려 상대는 비난의 말을 듣게 되면 모욕감을 느끼게 되고 '어떻게 되돌려줄까?' 하는 복수심이 생긴다. 이후 마음의 문을 걸어 잠그고 남보다 잘해주던 행동도 하지 않게 된다.

𝒮 짜증내는 여자, 무시하는 남자

그렇다면 비난이나 무시 등 부정적인 말을 하게 되는 이유는 뭘까? 첫째, 관계에서 생긴 문제로 인해 스트레스나 좌절감이 클 때다. 사회생활에서는 부정적인 말을 들어도 참으려고 노력하지만 부부의 경우 내 마음이 불편하면 참지 못하고 폭발하게 되는 것이다. 폭발의 단계까지 왔다는 것은 감정을 담는 그릇이 가득 찼다는 것인데, 배우자가 여러 차례 비난과 경멸의 말을 해 왔을 가능성이 크다.

둘째, 상대로 인해 받았던 상처를 돌려주고 싶은 것이다. '나도 이렇게 상처 받았는데 너도 어디 한 번 똑같이 당해봐'라는 마음이 깔려 있다. 부부싸움 중 75%가 넘는 사람들이 악의적으로 독설을 사용한다는 설문조사도 있다. 복수는 또 다른 복수를 낳는 것이다.

셋째, 상대를 깎아내리고 싶을 때다. 비난을 하는 쪽이 더 똑똑하고 이성적인 것처럼 느껴지기 때문에 우월감을 표현하고 싶은 것이다. 이때 조롱과 멸시의 표현인 '네가 그렇지'라는 식의 말을 이어가며 억양, 음성, 눈빛, 표정에서도 상대를 낮추어 보는 느낌이 드러날 수 있다.

크리스토퍼 히비 심리학 교수의 연구에 따르면 불행한 부부는 주로 아내가 남편에게 (짜증을 동반한) 불만과 비난을 쏟아내며 싸움을 시작하고 남편은 그 싸움을 일방적으로 무시하고 회피하는 방식을 취한다고 한다. 여성은 흔히 문제가 생겼을 때 바로 대화로 푸는 것을 원하고, 생각할 시간이 필요한 남자는 비난과 짜증을 피해 자신만의 공간으로 도망가다 보니 일어나는 현상이 아닐까?

🔗 마지막 순간에도 지켜야 할 '싸움의 규칙'

살다보면 싸움을 하지 않을 수는 없을 것이다. 하지만 이성을 잃고 감정적으로만 싸우다 보면 서로 상처만 줄 수 있으니, 불필요한 다툼을 줄일 수 있는 방법에 대해 고민해보자.

1. 상대의 부정적인 말을 받아들이지 않는다.

　　　대화를 하다가 배우자가 당신을 비난하는 말을 하면 말을 중단시키는 것이 좋다. "그런 식으로 말하면 내 기분이 나빠. 그러지 말고 당신이 나에게 원하는 게 뭔지, 정말 하고 싶은 말을 해줘. 날 비난하지 않고 욕하지 않는다면 나도 끝까지 들어볼게." 이렇게 말하라. 배우자에게 하고 싶은 원래의 말, 원하는 것이 무엇인지 충분히 들어보고 당신이 놓쳤던 것이 무엇인지 생각해보자.

2. '덕분에'라는 한 마디가 이별을 막는다.

가트맨 교수의 연구처럼 사이가 좋은 부부는 말을 참 예쁘게 한다. 그중 하나가 바로 '덕분에'다. 여행을 온 아내가 말했다. "당신 덕분에 내 눈이 호강하네. 운전하는 걸 안 좋아하는데 와줘서 고마워." 남편이 답했다. "당신 아니었으면 오늘도 집에 혼자 있었을 텐데. 외출할 명분 만들어줘서 고마워."

3. 무시하고 비난하는 말투를 하지 않도록 규칙을 정하자.

배우자와 이혼할 생각이 아니라면 상대를 탓하며 분노하고 상처 주는 말을 하지 않도록 주의하자. "당신이 지난번에 그렇게 말했잖아." "당신이 먼저 시작한 거야." "그러는 당신은 어떻고?" 이런 말들은 서로를 점점 삐딱하게 만들고, "그래서 한 번 해보자는 거지?"라는 극단으로 몰고 가게 된다.

부부싸움 중에 서로에게 상처를 준 말이 있다면 안정을 찾은 후에 이야기를 나누어보자. 서로 대화하며 감정이 상해도 "이 말만은 하지 말자" 하는 이야기 목록을 적고 냉장고 앞에 붙여보자. '폭언이 오가면 싸움을 멈추기' '싸울 때 금지한 말을 하면 일주일 청소' '막말 한 번 당 용돈 5만 원 삭감' 등 벌칙과 벌금을 정하고 지켜라. 규칙이 있으면 똑같은 일로 싸울 확률이 줄어든다.

4. 서로가 어떤 일로 인해, 어떠한 말과 행동으로 인해 싸움까지 온 것인지 원인을 파악해본다.

아침에 눈을 뜨면서 '오늘은 그 사람을 어떻게 괴롭히지?'라고 마음먹는 사람은 없다. 부정적인 감정이 쌓여 서로에게 모욕감을 주는 말을 하게 되는 것이다. 예를 들어 결혼한 지 6개월 된 부부가 시댁 방문 문제로 다투었다. 남편 입장에서는 오랜만에 부모님 댁에 가자고 했을 뿐인데 아내가 왜 그렇게 화를 내는지 이유를 알 수 없다.

아내 입장에서는 소꿉놀이 같은 알콩달콩한 결혼 생활을 기대했는데 남편은 바쁘다는 이유로 챙겨주지 않고, 자신만 남편을 쳐다보는 것 같아 속상함이 쌓인 상태였다. 한 달 만에 남편과 오붓한 시간을 보내고 싶어 기다렸는데, 남편은 아내 속도 모르고 부모님 댁에 가자고 하니 말다툼을 하게 된 것이다.

아내는 서운함에 "시댁만 챙기고 나는 뒷전이지? 그럴 거면 부모님이랑 그냥 살지 뭐 하러 결혼한 거야?"라는 말까지 하게 되었다. 남편이 볼 때는 단순히 아내가 시댁에 가기 싫어서 화를 낸 것으로 볼 수 있지만 아내 입장에서는 그동안 원망이 쌓여 있었던 것이다.

이렇게 처음부터 분노를 표출하는 사람은 없다. 문제의 원인과 결과가 분명히 있고, 그 과정에서 제대로 처리되지 않은 감정이 분노로 표출된 것이다. 힘들겠지만 각자 조용히, 격양된 말을 내뱉게 된 원인을 파악해보고 마음을 어루만져줄 수 있으면 해결하기가 조금 더 수월해진다.

SNS를 통해 공개되는 〈법륜 스님 희망편지〉에 이런 대목이 있다.

부부싸움은 사소한 데서 시작합니다. 상대를 고쳐보겠다면서 어린 아이처럼 기 싸움을 벌이곤 합니다. 그러나 누구도 내 식대로 고칠 수는 없습니다. 나도 나를 못 고치는데 어떻게 남의 성질을 고치겠습니까? 남녀가 만나 잘 살기 위한 특별한 비법은 없습니다. 비난보다는 충고가 낫고 충고보단 이해가 낫습니다. 정말 고쳐야 할 건 누군가를 고치겠다는 자기 마음입니다.

— 〈법륜 스님 희망편지〉, 2013.12.12

톨스토이의 명언 중에 '모든 사람은 세상을 바꾸고 싶어 하지만 자신을 바꾸려는 생각은 하지 않는다'라는 말이 있다. 다른 사람을 내 입맛에 맞게 변화시키는 것은 불가능한 걸로 인정해 버리자. 그러면 마음이 편해진다.

"차라리 화라도 내봐, 제발"

🔗 벽 보고 혼자 떠드는 기분

오랜만에 만난 친구들과의 모임. 한 친구가 남편과 싸운 이야기를 털어놓는다. 그러자 여기저기서 다들 "나도 요즘 남편이랑 말하기가 지친다"며 아우성이다.

그런데 채은 씨는 차라리 싸우기라도 하는 친구들이 부럽다. 채은 씨의 남편은 소위 '회피형 인간'이다. 분위기가 사나워지거나 불편해지면 아예 자리를 스윽 피해버린다. 채은 씨가 "여보, 나랑 이야기 좀 해"라고 부르면 핑계를 대며 자꾸 딴짓을 한다. 대화가 없으니 싸움도 없는 지금의 상황. 겉으로는 평화로워 보이지만 채은 씨 마음은 타들어간다.

인간관계 중 싸움이 발생하거나 갈등이 있을 때 상대방을 비난하는 유형을 '공격형', 그리고 자신의 속마음이나 입장을 드러내지 않는 사람을 '회피형'이라 부른다. 회피형은 상처받는 것을 크게 두려워하기 때문에' 갈등'을 직면하지 않고 문제를 피해 도망가는 유형인 것이다.

공격형이나 회피형 모두 갈등을 해결하기가 어렵다. 상대를 비난하거나 참거나 도망가다가 결국 관계를 포기하게 된다. 그렇지만 희망은 있다. 한 번이라도 대화를 통해 갈등을 해결하는 경험을 하면 이후로 대화를 통해 문제를 해결 할 수 있게 된다. 그래서 대화의 기술을 익히는 것이 중요하다.

심리학자 노리스의 연구 결과에서도 비슷한 이야기를 한다. 서로 양보하는 커플, 한쪽만 양보하는 커플, 각자 주장하는 커플 중 신뢰감이 가장 높은 쪽은 어느 쪽일까? 각자 주장하는 커플이었다. 자신이 원하는 것을 분명히 말하고 맞춰 나가면 서로를 더 잘 이해할 수 있기 때문이다.

    ∅ 대화가 단절된 '순간'에 힌트가 숨어 있다
회피형이 문제에서 도망가려고 하는 때는 주로 언제일까?

첫째, 기분이 언짢거나 스트레스를 받았을 때이다. 회피형은 비난의 말에 취약한 경향이 있다. 상대가 비난의 말을 쏟아놓으면 "그 얘긴 다음에 하자" "네가 그렇게 흥분하니까 내가 말하기 싫은 거야"라는 식의 반응을 보이거나 갑자기 연락을 차단하고 잠수를 타기도 한다.

이때 상대는 "날 무시하는 거야?"라며 더 큰 화를 내기도 하지만 오해하지 말기를. 회피형의 침묵은 상대에 대한 무시가 아니라 '생각할 시간'이 필요하다는 뜻이다. 회피형은 갈등을 해결하는 데 있어 오랜 시간이 걸리기 때문에 문제가 생기면 생각할 시간과 사람들과의 거리를 유지할 수 있는 자신만의 공간이 필요하다.

둘째, 문제 발생 시 뾰족한 해결책이 떠오르지 않으면 침묵한 채 동굴로 들어가 대안을 모색하기도 한다.

자, 여기에서 회피형의 침묵에 대해 한번 생각해보자. 당신의 연인이나 배우자가 문제발생시 입을 다물게 된 시점에 대해서 말이다. 즉 '우리의 대화가 언제부터 단절되었을까? 무슨 일로 대화를 피하기 시작했을까?' 하는 부분이다.

사례에 나온 채은 씨의 남편이 만약 '사귀기 시작했을 때부터' 문제 발생 시 피하기만 했다면 이는 어린 시절부터 이어진

습관일 가능성이 크다. 하지만 결혼 후 어떤 사건부터 그런 반응을 보이기 시작했다면 이는 배우자의 말투와 표현 때문일 수도 있다. 어느 순간 배우자가 비난하고 조롱하면서 공격적인 태도를 보이기 시작했을 것이고, 이에 회피형은 문제를 피하면서 자기방어적인 태도를 보였을 것이다.

예를 들어 술자리가 잦은 남편이 또 술에 취해 늦게 들어오자 아내는 "12시 넘어 들어올 거면 뭐 하러 들어왔어? 집이 모텔이야?"라는 말을 하게 되고 "잘못했어, 내일부터는 조심할게" 하는 남편의 말에 "뭘 잘못했다는 건데. 말해 봐! 뭘 잘못했는지"라며 더 흥분하며 말했다. 남편은 이래도 혼나고 저래도 뭐라고 하니 차라리 말을 말자고 결론을 내리면서 입을 닫게 된 사례도 있었다.

🔗 당신이 회피형이라면

우리 모두 일정 부분은 문제를 직면하기 어려워하고, 갈등이 생길 때마다 피하거나 남의 탓으로 돌리는 회피적 성향은 지니고 있다. 그러나 그것이 과도해졌을 때 타인과의 소통과 공감이 어려워지며 이는 회피형을 더욱 외롭게 만들게 된다. 외로운 무인도에서 탈출해 배우자와 잘 살아가려면 부대끼고 부딪히면서 문제를 해결하는 법을 익혀야 한다. 당신이 문제가 생겼을 때 침묵하거나, 어디론가 숨어버리거나, 잠수를 타는 유형이라면 두 가지 이야기를 해주고 싶다.

1. 타인과 깊은 관계를 유지하기 위해서는 싸움을 무조건 두려워해서는 안 된다.

회피형은 화가 나면 잠수를 타거나 가출을 시도하거나, 말을 하지 않는 등의 행동을 한다. 평소 '절제된 감정 표현'을 해왔기 때문에 화가 났을 때 화난 감정을 어떻게 조절해야 하는지, 화를 얼마큼 내야 하는지 몰라 무작정 누르려고 하고 그 자리를 피하려고 하는 것이다.

어렵겠지만 불만이 있으면 싸워보라. 서로 아쉬웠던 점, 섭섭했던 점을 속에서 끄집어내 얘기하다 보면 서로 잘 알게 되고 본질적인 문제가 해결되지 않더라도 타협할 수 있게 된다. 감정적인 앙금이 남지 않아야 관계가 깊어질 수 있고 자주 싸워봐야 서로의 속마음을 알게 된다.

문제가 생기면 충돌하는 게 당연하다. 충돌 후에는 타협안을 찾고 또 다시 앞으로 나가면 된다. 문제가 없다거나 회피하고 덮는 게 더 문제이다. 결국에는 원자폭탄처럼 주변의 모든 것을 초토화시키거나, 쇼윈도 부부가 될 수도 있다. 호미로 막을 걸 가래로 막는다는 속담처럼 작은 문제일 때 대화로 해결해야 큰 싸움을 막을 수 있다.

2. 감정을 그때그때 표현하는 연습을 하자.

대화도 타이밍이 중요하다. 서운하거나 화가 났을 때 즉시 말하는 습관을 들이자. 서운함을 느꼈던 시점과 서운함을 표현하는 시점이 멀어질수록 상대방과의 거리는 더욱 멀어지고, 오래 두면 관계가 아예 끊어지기도 한다.

또한 배우자의 말을 들을 때에도 듣기만 하지 말고 자신의 생각을 표현하자. "그러게 자기 말을 듣고 보니 일리가 있네. 내 생각에도 그게 좋을 것 같아" 등 무조건 듣기만 하기보다는 배우자의 말에 자신의 의견을 곁들이자. 그래야 배우자도 당신을 투명인간 취급하지 않는다.

🔗 당신이 회피형을 상대해야 한다면

당신의 연인이나 배우자가 회피형에 가깝다면 두 가지를 유의하자. 우선 장소와 타이밍이 중요하다. 회피형은 마음의 안정을 중요하게 생각하는 유형으로 아무 때나 말이 나오지 않는다. 특히 다그치듯이 큰 소리로 말하면 역효과를 낳는다. 일정한 거리를 유지하는 것을 선호하므로 회피형이 안정감을 느끼는 장소에서 시간을 정해, 서로 피곤하지 않을 때 대화를 나누는 것이 중요하다.

둘째, 그의 성향을 이해하고 기다릴 필요가 있다. 그는 문제를 해결하는 데 있어 오랜 시간과 공간이 필요한 사람이며, 감정을 표현하는 데 어려움을 겪고 있다.

그러니 "왜 말을 안 하는 거야? 누구 답답해서 죽는 꼴 보려고 그래?"라는 식으로 그를 몰아붙인다면 그는 자신의 동굴로 들어가서 더욱 더 오랜 시간 머물게 된다. 그를 관찰하고, 이해하려고 끊임없이 노력해야 한다. 그리고 아주 조금씩, 천천히 감정의 교류를 나눠야 한다. 이때 그가 좋아하는 취미활동을 같이 하면서 대화를 시도하는 것도 좋은 방법이 될 수 있다.

또한 그는 자극보다는 안정감을 좋아하고, 격려에 반응하는 스타일이다. 그러니 조언해주고 이끌기보다는 "지금 잘 하고 있어. 앞으로도 계속 잘할 수 있을 거야" "당신이 알아서 잘할 거라고 믿어"라는 식으로 그가 스스로 어려움을 극복하리라 믿고 기다려라. 시간이 지나면 당신의 믿음에 감사하며 점점 침묵하거나 잠수 타는 시간이 줄어들 것이다.

　호스피스 병동 간호사로 일한 브로니 웨어(Bronnie Ware)는 《내가 원하는 삶을 살았더라면》이라는 책에서 사람들이 죽을 때 가장 후회하는 다섯 가지를 꼽았다. '내가 원하는 삶을 살았더라면, 너무 일만 하지 않았더라면, 내 감정을 표현할 용기가 있었더라면, 친구들과 계속 연락했더라면, 나 자신에게 더 많은 행복을 허락했더라면.' 사람들과의 관계를 맺는다는 것은 참 어려운 일이지만 당신의 감정을 조금만 더 용기를 내 표현한다면 나중에 후회하는 것을 조금은 줄일 수 있지 않을까.

"이럴 거면 우리는 왜 같이 사는 걸까?"

🔗 '이게 권태기인가?'

아내: 오빠, 이 옷 어때? 새로 산 건데?

수홍: 응, 예쁘네.

아내: 오빠 거도 샀어. 편한 바지 없다고 했잖아.

수홍: 어, 그래. 고마워.

아내: ….

결혼 9년차 수홍 씨는 최근 아내와의 대화가 즐겁지 않다. 특별한 불만이 있는 것은 아니다. 그냥 흥미가 좀 떨어졌을 뿐이다. 벌써 9년이나 함께 살았고 이제 소소한 부분은 말로 하지 않아도 괜찮다고 생각했다. 아무런 문제도 없는 부부 사이이니까. 아니, 어쩌면 문제는 수홍 씨에게 있는지도 모르겠다. 이게 바로 권태기인가, 라고 생각하던 차에 아내가 수홍 씨를 불렀다.

아내: 오빠, 요즘 무슨 고민 있어?

수홍: 아니? 왜?

아내: 그냥… 예전이랑은 너무 다른 사람 같아서.

수홍: 내가 그래?

아내: 응, 내가 무슨 말을 하면 반응도 없고. 난 요즘 오빠랑 멀어진 기분이야. 그냥 한 집에 사는 동거인이 된 거 같아.

하소연을 이어나가며 눈물을 글썽이는 아내를 보며 수홍 씨는 뭔가 변해야겠다고 다짐했다.

🔗 '신도림역 영숙이'가 보여주는 남녀 차이

남녀가 가장 많이 부딪히는 때는 언제일까? 대화를 나눌 때다. 남녀의 차이가 극명하게 드러나기 때문이다. '관계의 성공은 서로간의 차이를 어떻게 다루느냐에 달려 있다'라는 말이 있듯

83

이 서로의 차이를 이해하고 합의점을 찾아가는 것이 성공적인 대화의 여정이다. 남성의 대화 목적은 정보 전달과 문제해결, 수용에 있다. 여성의 대화 목적은 감정 전달과 인간관계, 공감에 있다. 일명 '신도림역 영숙이'로 유명한 이야기를 보자.

"오빠. 나 오늘 신도림역에서 영숙이 만났어."

"그래서, 커피 마셨어?"

"아니."

"밥 먹었어?"

"아니."

"다음에 만나기로 했어?"

"아니."

"그럼 그 얘기를 나한테 왜 해?"

친구 영숙이와 마주친 것 자체를 중시하는 여자와 그 얘기를 왜 하는지 분석하려는 남성의 차이를 쉽게 이해할 수 있다. 그만큼 여성에게는 대화에 있어 공감과 경청이 중요한 요소이고, 남성은 정보전달이 중요한 부분이라는 말이다. 그래서 여성과 대화할 때는 잘 들어주면서 적절할 때 맞장구를 치는 것이 중요하다고 흔히 말하곤 한다.

여성과 남성의 차이를 이해하게 되면 그 문제로 다툴 일이 없겠지만 결혼생활에서는 종종 서로의 차이를 잊게 되고 자녀가 생기고 서로 각자의 생활에 충실하다 보면 점점 대화가 사라지게 된다. 그래서일까? 40대는 부부간에 대화, 관심, 섹스가 없는 3무(無) 시대라는 우스갯소리가 있다.

대화 없는 부부가 많다보니 식당에서 이야기를 나누며 메뉴를 고르고 택시 타서 말을 많이 나누면 불륜, 택시에서 각자 멍하니 창밖을 쳐다보면 부부라는 말도 있다. 그만큼 부부 대화가 원활히 잘 되지 않는 가정이 많다는 말일 것이다.

한국의 이혼율은 OECD 국가 34개국 중 상위 9위를 차지할 정도로 높은 편이다. 이혼 사유를 살펴보면 20~30대는 성격 차이, 40~50대는 배우자의 외도와 부정이 가장 높은 요인을 차지했는데, 성격 차이는 서로가 관심을 가지고 노력을 한다면 대화로 어느 정도 줄여갈 수 있는 부분이다.

하지만 우리나라 부부들의 대화는 너무나 부족하다. 대한민국 부부 10쌍 중 6쌍은 하루 30분 이상 대화를 하는 반면 4쌍은 대화시간이 30분 미만이라는 설문 조사 결과만 봐도 그렇다. 대화를 방해하는 요소로는 '늦은 귀가 및 시간 부족'이 가장 많이 나왔고 '디지털 기기 사용'이 두 번째를 차지했다.

여기서 흥미로운 대답은 바로 '대화경험과 기술 부족'이라고 답한 부부가 적지 않았다는 것이다. '대화경험과 기술 부족.' 이걸 어떻게 바라봐야 할까? 어렸을 때부터 대화를 해왔고, 연애하면서 많은 대화를 나누고 서로 잘 맞는다고 생각해 결혼을 했을 것 같은데, 대화경험과 기술 부족으로 어려움을 겪는다니 참으로 씁쓸하기도 하다. 대화법을 모른다면 배워야 한다. 그래야 내 자식은 나보다 대화를 잘하게 될 것이다.

🔗 '일상의 모든 것이 화제' vs '맨날 보는데 무슨 말을 더?'

대화가 잘되는 커플과 대화가 안 되는 커플은 어떻게 다른가? 비교 분석해보면 이해가 빠를 것이다. 대화가 잘 되는 커플은 소소한 일상부터 중대한 이야기까지 나눌 이야기가 무궁무진하다. 예를 들어 "냉이국 끓였네. 나 냉이국 좋아하잖아. 시장에 냉이 나온 거야?"라는 반찬 이야기부터 "나 목욕탕 다녀왔어. 오랜만에 가서 그런지 때도 많이 나오더라고"라는 이야기까지, 자수하려는 범인의 진술처럼 술술 나온다.

시시콜콜한 일도 재미있는 대화로 변화시키며, 일상대화가 잘

86

되다 보니 심각하고 불편한 이야기로 자연스럽게 넘어갈 수 있다. 대화의 기초를 오랫동안 차곡차곡 쌓았기 때문이다.

대화가 안 되는 커플의 주제는 단순하다. 먹을거리, 아이들 문제, 집 문제 등 꼭 필요한 지극히 사무적인 주제로 한정돼 있다. "오늘 뭐 먹을 거야?" "애들은 밥 먹었어?" "우리 동네 집값 좀 올랐나?" "장모님 병원 다녀왔지?" 등의 주제를 단답형으로 묻고 단답형으로 대답한다.

예를 들면 이런 식이다. "오늘 뭐 먹었어?" "응 그냥 있는 거", "오늘 뭐했어?" "맨날 똑같이 일했지"라고 묻고 답하니 더 이상 대화가 이어지지 않는다.

🔗 '대화는 즐거워' vs '용건만 간단히'

대화가 잘 되는 커플은 밥 먹을 때도, 이동할 때도, 이야기가 끊이질 않는다. 끊임없이 주고받고 서로 먼저 말을 건네고 싶어 안달이다. 무엇을 물어보고 이야기할까 미리 고민해 두었다가 만나면 이야기를 하게 되고, 대화가 잘 안 될 때는 어떻게 풀어야 할지 방법을 고민하기도 한다.

대화가 안 되는 커플은 할 말이 있을 때나 필요할 때만 "나랑 얘기 좀 해"라고 대화를 시도한다. 평소에 대화를 많이 나누지 않다보니 서로 어색하고 체면을 차리게 되고 자존심을 세우게 된다. 또한 시간을 내서 이야기를 해야 할 만큼 진지하고 불편한 주제이다 보니 말싸움이나 충돌이 생길 가능성이 많다.

🔗 '우리 이야기해보자' vs '피곤하니 다음에 해'

대화가 잘 되는 커플은 대화의 중요성을 잘 안다. 효율적인 대화 없이는 자신의 생각을 전달하기가 불가능하다는 것을. 대화가 행복한 부부생활의 가장 기본이라는 것을. 그래서 배우자가 이야기를 시작하면 들어야겠다고 생각한다. 들으려고 노력한다.

대화가 안 되는 커플은 대화가 안 되는 여러 이유가 존재한다. '이야기를 하려고 해도 할 말이 없다. 부부 사이에 마음을 꼭 말로 표현해야 아는 것은 아니다. 서로를 잘 안다, 말 한다고 해결되는 것도 없다. 힘들고 피곤하다, 자신만의 시간이 필요하다, 미래에 대한 걱정이 많다, 일에 치여서 말하기 싫다' 등등의 이유로 대화가 안 되는 것을 "포기했어. 이제 그러려니 하고 살아야지" 하고 받아들인다. 이들은 배우자가 말을 하면 '그 얘기

관심 없다'는 식으로 잘라 말하는 실수를 범하기도 한다.

🖉 '그럼에도 불구하고' vs '네가 그렇지 뭐'

대화가 잘 되는 커플이라고 항상 모든 대화가 잘 풀리는 것은 아니다. 서로에게 쓴 소리, 싫은 소리를 해야 할 때도 있고 의견이 안 맞을 때도 있다. 하지만 이들은 대화를 하면서 서로의 입장을 이해하고 해결하는 대화로 결론을 내리려고 노력한다. 서로 감정이 격양되면 차분해진 후에 이야기를 나누려고 한다거나, 한 쪽이 멈추는 등 노력을 기울인다. 대화가 안 되더라도 '그럴 수도 있겠다' '그럼에도 불구하고'라는 식으로 다시금 화해 모드로 전환한다.

대화가 안 되는 커플은 서로 다른 입장 차이를 확인하고 대화가 끝나는 경우가 많다. 대화가 안 될 경우 서로의 차이를 이해하기보다는 여성의 입장에서는 '왜 이렇게 나에 대해 관심이 없는 거지?'라는 식으로, 남성의 경우 '왜 이렇게 피곤하게 만들지'라는 생각을 한다. 결국 "너랑은 대화가 안 돼" "역시나 그렇지 뭐" 하며 포기나 무시로 대화가 끝나는 경우가 많다.

부부간의 대화는 업무상 회의나 보고가 아니다. 분석적이고 논리적인 대화가 필요한 게 아니고, 해결책이 없어도 무방하다. 남성의 입장에서는 '해결하지 못할 문제라면 생각하지 말자'라고 생각할 수 있지만 여성의 입장에서는 '그 문제를 해결할 수는 없지만 적어도 함께 이야기해보는 것만으로 큰 위로가 된다'고 생각한다.

단지 들어만 주고 정서적 지지만 표현해주어도 마음이 편안해진다. 잘 들어주다가 "누가 우리 자기 이렇게 힘들게 했어?" "당신 말이 맞아"라고 아군만 되어줘도 다음부터 대화가 잘 이어질 수 있다.

또한 아내 입장에서는 남편이 성급하게 해결책을 내놓더라도 자신의 감정에 관심이 없다고 생각하지는 말자. 남편은 아내의 짐을 덜어주기 위해 발 빠르게 대처하는 것일 수도 있다.

공동의 목표를 만들어라

대화가 잘되는 커플이 되기 위해서는 아내와 남편 모두 달라져야 한다. 혼자 이룰 것이 아니라 가정의 테두리 안에서 함께 이룰 것이기 때문이다.

가족 공동의 목표를 정하면 대화의 주제가 자연스럽게 선명

해진다. '5년 후 우리는 어떻게 살면 좋을까?' '은퇴 후 여가를 어떻게 보내고 싶은가' '아이들은 어떻게 성장하면 좋을까' 등 미래에 대한 여러 가지 그림을 그리면서 함께 준비해나가자. 공동의 목표를 정하고 그곳에 도달했을 때 좋은 점을 공유하자.

미래의 계획은 일종의 약속이 되고 그 약속을 지키기 위해 노력하게 된다. 이렇듯 두 사람의 미래, 자녀계획, 바라는 배우자상 등 다양한 부분을 충분히 합의하고 결정해나간다면 미래의 동반자로서 더 많은 대화를 하게 된다. 현재와 미래를 중심으로 인생을 설계하라.

🔗 서로의 주변에 관심을 가져라

1단계 질문. 당신은 배우자가 무엇을 좋아하는지 무엇을 싫어하는지 알고 있는가? 대화를 잘하기 위해서는 서로의 취향과 코드를 알아야 한다.

2단계 질문. 당신은 배우자가 세상을 바라보는 가치관, 마인드, 사람을 대하는 방식을 알고 있는가? 이런 부분에 대한 대화를 나누며 공통의 기반을 다지는 작업이 필요하다.

3단계 질문. 당신은 결혼 후 배우자의 친구들과 식사를 하거나 여행을 간 적이 있는가? 배우자의 가족과 여행을 간 적은? 시댁이나 처가 식구들의 관심사나 식성을 알고 있는가?

알면 알수록 할 수 있는 이야기는 점점 늘어나게 된다. 나에 게 관심 없다고 서운해 하기 전에 '나는 상대방에게, 그리고 그의 주변 사람들에게 관심을 가지고 있는가'를 스스로 성찰해 볼 필요가 있다.

🔗 대화할 때 너무 진지해질 필요는 없다

일상적이고 사소한 대화를 나누어라. 가령 "자긴 로또 당첨되면 차를 뭐로 바꾸고 싶어?" "나 오늘은 귤이 먹고 싶네. 자기 오면서 귤 좀 사다 줘" 등 밥 먹듯 자연스럽게 사소한 것부터 편안하게 말을 건네라.

쓸데없다고? 필요한 대화만 하다 보면 업무용 대화처럼 딱딱해지고 재미없어지게 된다. 가볍고 쓸데없는 얘기부터 많이 나누려는 노력을 하다 보면 배우자에 대한 불만이나 바람, 관계에 대한 이야기까지 툭 터놓고 할 수 있게 된다.

또한 남성들은 경제적 문제, 시댁 문제와 같은 진지한 주제로 이야기를 나누는 것을 상당히 부담스러워한다. 자신의 능력 부족을 탓하는 이야기처럼 느껴지거나 자신을 비난한다고 생각하기 때문이다. 그러니 무거운 주제로 이야기를 나눌 때는 표현과 말투를 더욱 부드럽고 신중하게 선택할 필요가 있다.

혹여 당신의 배우자가 말이 없다면 "왜 이렇게 말이 없어? 나 안 사랑해?"라며 말없는 그를 탓하기보다는 "나 어때? 자기한테 잘 보이고 싶어서 예쁘게 화장했어" "자기 오늘 정말 멋져 보이네. 역시 내가 남편 잘 골랐어"라며 당신이 먼저 애정 표현을 많이 해라. 점점 달라지는 배우자를 보게 될 것이다.

🔗 솔직하게 속마음을 털어놓아라

남성들은 빙빙 돌려서 말하는 것을 못 알아듣는다. 남편이 언젠가부터 말이 없어졌다면 솔직하게 말해보자. "여보 난 당신이랑 대화도 많이 나누고, 놀러도 가고 싶은데, 당신은 아닌 것 같아서 불안해. 내가 뭘 잘못한 건 아닌지, 나한테 흥미가 떨어진 건지, 회사에 무슨 일 있는 건 아닌지 말이야." 이런 식으로 말이다.

당신이 남편이라면, 아내에게 "맛있는 거 먹으러 갈까?" 하고 둘만의 데이트를 신청하자. 음식점에 가서는 자연스럽게 "내가 무심했었나?" 혹은 "사랑해. 그동안 나랑 살아줘서 고마워"라고 말하며 아내에게 말할 시간을 주자. 이야기를 잘 들어주기만 해도 여성들은 감동하고 서운했던 감정이 금세 눈 녹듯 사라진다.

여기서 하나 더. 누구나 자신의 이야기를 들어주는 사람에게 마음을 열게 되는 건 당연한 일이니 남편들이 회사 이야기를 할 때 조금 더 재미있다는 표정으로 들어주자. 당신이 말한 것 이상으로 남편의 이야기에 귀 기울이고 맞장구 쳐주자. 여자에 비해 속마음을 털어놓는 데 익숙하지 않은 남자들은 외로움도 많이 타고 대화를 잘하는 방법을 모른다. 무슨 이야기든 진심으로 들어주고 이해하려고 하면 남편과의 대화가 한결 쉬워질 수 있다.

"말주변 없는 남자는 매력 없나요?"

🔗 첫 번째 사례: "결혼은 할 수 있을까요?"

누군가는 사랑하는 사람들과의 관계 안에서 괴로워하고 누군가는 사람들과의 관계 안으로 들어가기도 어려워한다. 그들의 이야기를 잠시 들어보자.

여성: 쉬는 날에 뭐하세요?

현우: 영화 봐요.

여성: 저도 영화 좋아하는데, 어떤 장르의 영화를 좋아하세요?

현우: 액션영화요.

여성: 저는 스릴러나 휴머니즘이 들어간 영화가 좋더라고요. 최근에

재밌게 본 영화 있으세요?

현우: 〈기생충〉이요.

여성: 아, 저도 그 영화 재밌게 봤어요! 그런데 마지막 장면은 좀 이해
하기 어렵기도 하고 섬뜩하더라고요. 현우님은 어떤 장면이 재
밌으셨어요?

현우: 그냥….

30대 중반의 현우 씨는 이번에도 소개팅을 망쳤다. 소개팅에
나온 여성에게 질문도 못하고 단답형으로 답변만 하다가 그마
저도 말할 거리가 없어 대화가 끊어졌기 때문이다. 결국 30분
만에 어색하게 자리를 떴다.

그도 말을 잘 하고 싶지만 사람들을 만나면 어떻게 이야기해
야 할지 감을 못 잡고 방법도 모른다. 일도 기계적이고 반복적
인 업무이다 보니 말할 거리도 없고 밥도 혼자 먹는다. 하루 종
일 말을 안 하고 지낸 적도 비일비재하다. 동성이든 이성이든 말
을 잘 이어나가지 못하는 터라 친구들도 '너랑 있으면 대화가
좀 자주 끊기는 편이긴 해'라고 말하곤 한다.

어렸을 때는 장난기도 많고 재밌는 스타일이었지만 부모님이
엄하셔서 관리를 받다 보니 소심해지고 내성적으로 변했다. 그

러다 보니 사람들과 동등한 입장에서 대화를 나누지 못하고 움츠러들고 자신을 드러내지 않게 되었다. 그는 친구들이 모인 자리에서도 투명인간처럼 조용히 앉아 있거나 모두를 썰렁하게 만드는 뒷북을 치거나 둘 중 하나다.

"어저께도 주로 듣고만 있었어요. 하고 싶은 말이 있어도 그냥 삼켜요. 집에 와서 '이렇게 말해볼걸' 하고 후회하지만 그런 상황이 되면 또 가만히 있어요. 같이 일하는 이모님이 '수다쟁이가 되어야 한다, 말 많이 해야 한다'고 하시지만 쉽지가 않네요. 무슨 말을 해야 할지 모르겠어요. 여자 친구도 만나고 결혼도 하고 싶은데 도무지 진도가 나가지 않네요. 제가 과연 결혼할 수 있을까요?"

🔗 두 번째 사례: "사람들과 말을 안 하고 살까봐요"
최근 공무원에 합격한 민수 씨도 비슷한 고민을 토로했다.
"20대에는 정말 막 살았어요. 젊은 나이에 금주 클리닉까지 다녀왔으니까요. 그런데 공무원으로 일하는 동생이 어느 날 '계속 그렇게 살 거냐'고 하더라고요. 동생이 진지하게 충고해줘서 공부를 시작했고 저도 공무원에 합격했어요."

"오, 축하드려요. 이제 좋은 일만 생기겠네요."

"두 달 교육 받고 이제 다음 달 배치인데…. 저 그만둬야 할까 봐요."

"왜요? 그렇게 좋은 직업을 왜 그만둬요?"

"사람들과 말하는 게 너무 어려워요. 표정, 눈빛, 자세, 말투, 억양 너무 많은 걸 신경 써야 하잖아요. 왜 제가 먼저 말을 걸어야 하죠? 사적인 이야기를 꼭 해야 하나요? 제가 말할 때 긴장하는 것을 다른 사람들이 아는 것 같아 방어하게 되거든요. 사람들의 시선이 신경 쓰여서 더 두렵기도 하고요. 말을 하면 할수록 상처를 받는 것 같아서 아예 말을 안 하는 게 낫겠다는 생각도 드네요. 그러면 상처 받을 일도 없으니까…."

그러면서 그가 마지막에 하는 말이 오랫동안 뇌리에 남았다.

"주말 내내 유튜브에서 '대화 잘하는 법'을 찾아 하루 종일 봤어요."

 🔗 세 번째 사례: "반복되는 이별, 제가 문제인가요?"

여성: 용호 씨 우리 이제 헤어지자.

용호: 어? 그게 갑자기 무슨 말이야?

여성: 용호 씨랑은 아무리 만나도 가까워진다는 생각이 안 들어. 내 이야기만 들어주고 자기 얘긴 하나도 안 하잖아. 점점 뭔가 벽이 느껴지면서 도돌이표 같은 상황이 계속되는 것 같아. 만나도 하나도 재미가 없어.

용호 씨는 얼마 전 6개월 사귄 여자 친구와 헤어졌다. 그는 이렇게 말한다.

"여자 친구와 두 번 사귀었는데 둘 다 똑같은 이유로 헤어졌어요. 처음 한 번 깨졌을 때는 그냥 그런가 보다 했는데, 두 번째도 똑같은 이유로 헤어지자고 하니까 제가 뭔가 문제가 있는 것 같았어요. 실은 제가 오픈하는 것을 안 좋아하고 제 이야기를 잘 안하거든요."

🔗 나는 왜 말하기가 두려울까?

말주변이 없어서 할 말만 하는 사람들을 크게 세 부류로 나눌 수 있다. 먼저, 잡담과 수다는 불필요하다고 생각해 용건만 말하는 바쁜 사람들이다. 목적이 있는 대화를 선호하며 경주마처럼 앞만 보고 달리는 유형이다. 이들은 어릴 적 친구들과도

99

거의 만나지 않는다. 소소한 이야기를 나누는 것이 귀찮고 각자의 관심사가 달라 시간이 아깝다는 생각이 든다. 가장 가까운 연인이나 가족에게도 업무 이외의 이야기를 하는 것은 사치라고 생각한다.

"용건만 말해."
"그런 이야기는 나중에 집에 가서 하고."
"그래서 하고 싶은 말이 뭔데?"

이들의 단골 멘트다. 그러다 보니 새로운 사람들과 자연스러운 분위기를 형성하는 데 애를 먹는다. 자신이 아는 분야가 아니면 관심도 없고 대충 듣게 되면서 질문할 내용이나 이어서 받아칠 말이 없는 것이다.

다음은 말을 하고 싶지만 방법을 몰라서 할 말만 하는 유형이다.

"사람들과 대화할 때 자꾸 뚝뚝 끊겨요."
"어떻게 말해야 할지 모르겠어요."
"제가 말하면 분위기가 싸늘해져요."

이들은 이런 말을 자주 내뱉는다. 이들은 말하기에 대한 경험이 부족하고 타인보다는 자신에게 중심이 쏠려있기 때문에 공감능력이 떨어진다. 대화는 실전 경험이 중요한데 사람들과 자주 어울리지 못하다 보니 말을 점점 못하게 되고, 감정의 교류가 없다 보니 점점 본인의 감정에 무뎌지고 타인의 감정도 잘 느끼지 못하게 된다. 또한 상대방이 말하는 포인트를 정확히 잡지 못한다. 이는 서로 생각하는 포인트가 다를 수도 있고 상대방 말에 귀를 기울이지 않아서 그럴 수도 있지만 어떻게 간극을 좁혀가야 할지도 모르는 것이 가장 큰 문제다.

마지막은 남들이 어떻게 받아들일지 남들 눈치 보느라 할 말만 하게 된 유형이다. 남들 앞에서 두꺼운 방어막을 형성하고 실수하거나 약점을 보이면 안 된다는 생각으로 조심스럽게 말을 이어나간다. 이들은 이렇게 말한다.

"저는 사람을 사귈 때 먼저 다가갈 용기가 없어요. 나를 안좋아하면 어떡하나 이런 두려움이 있습니다. 그러다 보니 대화할 때도 자꾸 고개를 숙이게 되고, 친구를 만나도 겉도는 말만 하는 것 같아요."

"사람들하고 말할 때 7겹 정도의 필터가 있는 것 같아요. 틀리면 안 되잖아요. 그래서 계속 생각해요. 앞뒤가 맞는지, 틀리지는 않는지, 실수하지는 않을지…. 술을 먹으면 긴장이 풀리니까 필터가 세 겹 정도로 얇아지는 것 같긴 해요. 어쨌든 말은 글보다 더 어려워요. 글은 쓰다가 잘못 쓰면 고쳐 쓰면 되는데, 말은 한번 내뱉으면 주워 담을 수가 없잖아요. 그래서 자꾸 말할 때마다 주저하게 되고 필요한 말만 하게 돼요."

🔗 '말'의 문제가 아니라 '마음'의 문제

우리는 지금 두 번째와 세 번째 유형에 대해 주의를 기울이려고 한다. 첫 번째 유형은 소통하려는 노력(경청, 관심)과 시간적 여유를 통해 말주변을 키울 수 있지만 두 번째와 세 번째는 소통하는 법과 자신감을 확립해야 하는 두 가지 숙제가 있기 때문이다.

'그룹에 속해 있지만 존재감이 없는' 이들은, 소통법과 자신감을 함께 세워야 사람들과의 관계가 자연스러워질 수 있다. 자신감을 높여 소통 잘하는 사람으로 탈바꿈한 대원 씨의 이야기를 들어보자.

"저는 어린 시절부터 남의 눈치를 많이 보았는데요. 타인의 성향을 맞춰주고 싶었기 때문에 저절로 눈치를 보게 됐죠. 그러나 적당한 눈치는 배려가 되지만 지나친 눈치는 부담이 된다는 걸 알았어요. 친한 친구가 어느 날 여러 명이 모인 식사 자리에서 '대원아 너무 다른 사람 눈치를 보고 챙기니까 내가 편하지가 않아. 너도 그냥 편하게 먹어'라고 해서 제가 눈치 보는 것을 남들이 안다는 것을 처음 알았습니다. 또 어렵고 불편한 사람들 앞에서는 더욱 더 말을 못하고 우물쭈물했기 때문에 말주변이 없는 애로 기억되었던 것 같아요. 그러다가 제 말을 진지하게 들어준 사람을 만났어요. 그 사람처럼 제 말을 잘 들어준 사람은 평생 처음이에요. 어떤 이야기도 계속 할 수 있을 것 같았죠. 아무런 평가나 비판도 하지 않으니까요. 그래서 생각을 많이 해보고 주변 사람들도 관찰해 보았는데요. 제 주변 사람 중에 모든 직원들하고 잘 지내는 사람이 있거든요. 그래서 그 사람을 유심히 보았더니 '상대도 나를 좋아한다고 믿고 먼저 다가가는 것' 같았어요. 그래서 저도 시도해보았는데 반응이 괜찮아서 마음이 한결 편해졌어요. 이젠 사람들 눈치도 덜 보고 당당하게 저를 내보일 수가 있으니까요."

당신이 소개팅에 나갔다고 가정해보자. 말이 많은 상대와 함께 있는 편이 나은가, 아니면 말이 없는 쪽이 더 나은가? 양쪽

103

다 썩 유쾌하지는 않지만, 말이 많은 편이 훨씬 편하다. 계속해서 상대방이 말 하는 걸 들어주며 적절한 맞장구만 쳐 주면 되니까. 그리고 다시 안 만나면 된다. 하지만 한 마디도 하지 않고 입을 꾹 다물고 있는 상대가 나왔다면?

머릿속으로 별의별 생각이 다 떠오를 것이다. '나랑 있는 것이 마음에 안 드나' '나에게 관심이 없는 건가' '소개해 준 사람 생각해서 말은 해야겠는데, 무슨 말을 해야 하지?' 머리를 엄청 굴리면서 대화할 거리를 찾느라 식은땀을 꽤나 흘렸을 것이다.

첫 번째 사례에 나타난 현우 씨를 만난 상대가 바로 그런 기분이었을 것이다. 어릴 적부터 말이 없었고 성인이 된 후에도 말을 거의 안 하고 밥도 혼자 먹다 보니 말하는 법을 까먹은 것이다. 요리를 오래 안 하면 요리법을 까먹는 것처럼 오랫동안 말을 안 하다 보니 말하기를 까먹어 버렸다. 이런 낭패가 있나. 안타까울 따름이다.

두 번째 민수 씨의 상황은 조금 더 복합적이다. 마음을 다쳐서 할 말만 하게 된 것이다. 사람들과 말하는 게 너무 어렵고 불편해서 직장도 그만둘까 고민할 정도였고, 말을 아예 안 하고 싶다는 생각까지 들게 되었다. 대화할 때 상대방이 다른 곳을 쳐다보면 '내가 또 잘못 말했나?' '실수했나?'라는 생각에 불안해지고 시무룩해진다고 했다. 민수 씨는 이렇게 말했다. "사람들에게 제 약점을 보여주고 싶지 않아요."

그가 사용했던 단어 중에 가장 인상적인 단어는 배신과 배반이었다. 일일 연속극에서만 나오는 말인 줄 알았는데 실제 사용하는 사람을 만난 건 처음이었다. 지난날을 마음속에 담아두는 편이라 사람들의 배신과 배반이 다 기억나고 아직도 잊히지 않는다고 했다. 하지만 일요일에는 하루 종일 대화법에 대한 영상만 찾아보았다는 민수 씨는 인간관계를 어려워하면서도 사람들과 어울리고 싶어 하는 마음이 강했다.

마지막으로 용호 씨. 용호 씨는 본인의 생각이나 감정을 전혀 나타내지 않았다. 자신에 대한 이야기가 상당히 어색하고 불편하다고 했다. 그러면서 하는 말. "운동을 하면 자신감이 생길 것 같아 몸을 키웠는데 그래도 마음속 자신감은 안 채워지네요." 가까워진 연인과 일상적이고 살가운 대화를 하고 싶지만 본인을 드러내는 것이 불편하고 어색해서 서서히 드러내지 않게 되었고, 그러다 보니 '너랑은 벽이 느껴져'라는 말을 듣게 되었다. 그는 단체생활에서도 실수하면 다른 사람한테 신경 쓰일 것 같고 괜히 튀는 게 싫어서 '그냥 이렇게 묻어가자'라는 식으로 자신의 의견을 말하지 않고 대세를 따르는 편이다.

다니엘 골먼(Daniel Goleman)은 감성지능을 '스스로 동기를 유발하고 자신의 감정은 물론 다른 사람의 감정을 잘 다루기 위해, 우리 자신의 느낌과 다른 사람의 느낌을 인지하는 능력'이라고 정의했다.

감성지능이 높은 사람은 자신의 감정을 잘 알고 제어할 수 있으며 다른 사람이 어떻게 느끼는지 객관적으로 받아들여 그에 따라 관계를 조절할 수 있다고 하였다.

사례에 등장한 세 명이 말을 잘 못하는 원인은 달라보였지만 자신과 타인의 느낌에 무관심하거나(현우), 지나치게 자신의 감정에만 몰두해 있기도 하고(민수), 의도적으로 자신의 감정을 숨기려고 하는(용호) 등 감정의 회로가 원활하지 않다는 공통점이 있었다.

현우 씨의 경우 자기 자신에게도, 타인에게도 관심이 없어 보였다. 직장 내에서도 친한 사람들에게만 인사할 뿐 먼저 인사를 건네지 않는다고 했다. 본인의 생각이나 감정을 전혀 표현하지 못했고 필자에게도 한 마디 물어보거나 꼬리 질문을 하지 않았다. 단순히 묻는 말에만 "네" "아니요" "글쎄요" "잘 모르겠어요"라는 단어를 번갈아가며 사용했을 뿐이다. 오랫동안 사람들과 단절되어 감정을 표현하지 않고 억누르다 보니 점점 자신의 감정과 상대방의 사소한 감정도 느끼지 못하게 된 것으로 보였다.

어릴 적부터 대인 관계에 어려움을 겪었고 성인이 된 후에도 원룸에서 10년 넘게 혼자 지내는 그에게는 그곳이 마음을 놓을 수 있는 유일한 공간이었을 것이다. 그런 그의 요즘 고민은 어떻게든 말을 잘 해서 '여자 친구를 만나고 결혼해서 행복한 가정을 꾸미는 것'이었다.

반면 민수 씨와 용호 씨는 타인이 자신을 어떻게 바라보는지 지나칠 정도로 신경 쓰는 태도를 보였다. "사람들이 절 어떻게 볼까요?" "이런 말을 하면 절 이상하게 보지는 않을까요?"라며 타인의 시선에 대한 경계를 늦추지 않았다.

고양이처럼 잔뜩 움츠리고 있는 게 습관이 되어버린 사람이라 할지라도 일정기간 노력을 기울이면 사람들과 친해지는 방법을 배울 수 있다. 다만 이를 체득하기 위해서는 '대화는 불필요하거나 아부의 기술로 생각할 것이 아니라, 서로의 공통점을 찾아내 확장해 나가는 과정으로 생각해야 한다.

소개팅 때 취미가 뭔지 묻고 평소에 어떻게 지내는지 묻는 이유가 바로 그것이다. 작은 소소한 얘기부터 꺼내면서 상대방이 정보를 내놓을 수 있게 질문도 하고 자신을 오픈하면서 친해져

가는 것이다. 또한 적을 만들지 않는 혹은 내 편을 만들어가는 과정이라고 생각하면 더욱 좋다. 어려울 때 서로 도울 수 있는 내 편이 많아진다는 상상은 생각만 해도 흐뭇하다.

🔗 '리액션'만 좋아도 반은 성공

말주변이 없어도 사람들과 친해질 수 있는 세 가지 방법을 소개한다. 하루아침에 자신을 바꾸어보겠다고 처음 만난 사람에게 먼저 말을 걸거나, 적극적으로 다가가는 것은 부작용을 가져올 수 있다. 대화는 자신이 생각한 대로 연출되거나 이어지는 것이 아니기 때문이다. 대화를 잘 하는 사람은 대화를 해 본 경험이 많아 사람들의 반응에 따라 질문과 흐름을 바꾸어가지만 말주변이 없는 사람은 머릿속으로 생각한 대로만 질문하고 이끌려는 경향이 있어서 대화가 어색해지거나 거듭된 질문으로 상대의 반발을 살 수 있다. 예를 들면 이런 식이다.

부자연스러운 대화

나: (처음 만난 상대에게) 피곤해 보이시네요. 잠 못 주무셨나봐요.

상대: 네 어제 회사 일이 많았어요.

나: 집에 언제 들어가셨는데요?

108

상대: 밤 1시요.

나: 정말 피곤할 만하네요. 오늘 여기 오시는 건 괜찮았어요?

상대: 네 정신력으로 버티고 있어요.

나: 네, 대단하시네요. (침묵)

자연스러운 대화

나: (처음 만난 상대에게) 피곤해 보이시네요. 잠 못 주무셨나봐요.

상대: 네 어제 회사 일이 많았어요.

나: 네, 저도 얼마 전 회사일이 바빠서 3주 동안 야근한 적 있었거든요. 나중엔 꿈인지 생시인지 구분이 안 갈 정도로 멍해지더라고요. 어제 몇 시에 들어가셨어요?

상대: 밤 1시요.

나: 정말 피곤할 만 하네요. 지금 괜찮으세요? 제가 박카스라도 사다 드릴까요?

상대: 아니에요. 괜찮아요.

나: 그럼 제가 시원한 커피 한 잔 사다드릴게요. 어떤 커피 드실래요? 덕분에 저도 커피 한 잔 마시고 싶어서요. 커피 안 드시면 다른 음료 뭐로 드릴까요?

천지개벽처럼 사람의 성격이 하루아침에 바뀔 수는 없다. 우선 상대가 말을 꺼내면 잘 받아주고 고개를 끄덕이는 등 반응하는 연습부터 시작하라. 말을 하는 사람은 누구나 상대방의 반응을 기다린다. 내 이야기를 잘 듣고 있는 건지, 동의는 하는지 등을 확인하고 싶어 한다. 말주변이 없는 사람은 대부분 무반응인 경우가 많다. '익숙하고 가까운 가족이나 친한 친구의 말에 반응하기'부터 해보자. 이때 내면의 생각을 멈추고, 상대방 이야기가 재미있고 흥미롭다는 생각을 하며, 고개를 숙이거나 다른 곳을 보지 않는 것이 중요하다.

𝒮 대답에 생각과 느낌을 덧붙여라

상대의 질문에 단순히 단답형으로 답변하면 대화가 이어지기 어렵다. 대답과 함께 한 마디 말을 덧붙이는 연습을 한다. 상대가 "여행 좋아하세요?"라고 묻는다면 이렇게 하는 것이다.

"네, 여행 좋아해요. (대답) 지난달에는 가족들이랑 싸이판에 다녀왔는데 정글의 법칙에 나올만한 곳이 있어서 엄청 흥미롭더라고요. (경험과 느낌)"

"아니요. ⑴답⑵ 제가 고소공포증이 있어서 비행기 타는 게 아직도 무섭네요. ⑴이유⑵"

🔗 "듣다가 보니 생각 났는데요"

상대의 말이 끝날 때까지 기다렸다가 연결어미를 넣어 대화를 이어가는 것도 좋다. "저도 비슷한 경험이 있는데." "제 지인 중에 비슷한 사람이 있어요." "말을 듣다 보니까 갑자기 생각이 났는데요." 이렇게 상대의 말에 다리를 놓으려면 본 것도 많아야 하고 들은 것도 많고 직접 경험한 것도 많아야 한다. 그래야 대화거리가 풍성해지니까 말이다. 혼자서 묻고 답변하는 연습을 통해 주고받는 대화를 연습해 보는 것도 방법이다.

이런 방법을 통해 앞으로 더 나은 대화를 하도록 해보자. 단, 한두 번 해보고 안 된다고 포기하거나 단념하지 말고 지속적으로 6개월 이상 시도해야 한다. 대화는 한 단계 한 단계 계단을 밟아 올라가야 패턴이 쌓여 다양한 대화가 자연스럽게 이어질 수 있다.

111

2

잊히지 않는
오래 전
그 한 마디

"너랑 똑같은 딸 낳아봐라"

🔗 나는 엄마의 감정 쓰레기통

아주 오래되었지만 생생한 기억들이 있다. 학교에서 만든 색종이 카네이션을 받고 기뻐하던 엄마의 웃음, 자전거 타는 법을 가르쳐주던 아빠의 젊었던 목소리 같은 것들이다.

때로는 따뜻한 추억이 아니라 아픈 과거가 떠오르기도 한다. 어떤 기억들은 나이를 먹어도 풀리지 않고 응어리진 채 남아 있다. 늘 불 꺼진 캄캄한 집, 부모님을 기다리면서 오빠와 돌멩이를 던지며 놀다가 사고가 난 일, 울면서 상처가 난 이마에 박스테이프를 붙인 일…. 어린 시절의 이런 사건들은 평생의 트라우마나 상처를 남기기도 한다.

효원 씨의 경우도 그러하다. 효원 씨는 사람들과 싸우는 것을 싫어한다. 누군가 큰 소리 내는 것도 무서워하고 공포심을 느낀다. 어린 시절 부모님이 큰 소리로 싸우고 물건을 던지는 등의 행동을 가까이에서 지켜보면서 무의식적으로 다른 사람과의 싸움이나 갈등을 피하게 된 것이다. 어릴 때부터 엄마는 효원 씨에게 아빠 험담이라던가, 아빠 때문에 힘든 마음을 하소연하였다.

"난 네 아빠 만나서 인생이 이 모양 이 꼴이 된 거야. 네 아빠 성질이 지랄 맞아서 나 아니면 데리고 살아줄 여자도 없어. 내가 너 때문에 참고 사는 거야. 알지? 너 아니었으면 바로 집 나갔지."

엄마 말을 들으면서 어릴 때는 아빠가 정말 나쁜 사람인 것 같았고, 아빠를 대하기도 껄끄러웠다. 하지만 사리 분별이 생긴 초등학교 고학년 이후부터는 엄마 말에 더 이상 맞장구를 치지 않고 그냥 듣기만 하였다.

정말 이해가 안 되는 것은 오빠한테는 한없이 부드럽기만 한 엄마가 효원 씨 앞에서만 힘든 감정을 토로하고 스트레스를 푸는 것이다. 왜 그랬을까? 정말 왜 그럴까?

115

35살이 된 지금도 효원 씨를 붙들고 하소연을 하는 엄마.

엄마: 너 없는 동안에 내가 얼마나 힘들었는지 아니? 너네 아빠가 또
　　　술 먹고 들어와서는….
효원: 엄마, 나한테 이제 그런 이야기 안 하면 안 돼?
엄마: 온 세상천지 말할 곳이 없어. 속이 답답한 엄마 이야기 좀 들어
　　　주는 게 힘드니? 내가 너 아니면 이야기할 데가 어디 있겠어?
효원: 엄마, 나도 맨날 똑같은 말 듣기 힘들어. 같이 앉아서 아빠 욕 하
　　　는 것도 불편하고.
엄마: 넌 정말 못됐다. 너는 항상 그래. 그게 문제야! 얘기를 그냥 들어
　　　준 적이 없어!
효원: 엄마 그만 좀 해. 나도 참기 힘들어서 그래!
엄마: 지 아빠 닮아가지고 차갑고 매정한 년. 내가 널 왜 낳았는지 모
　　　르겠다. 내가 죽어봐야 후회하겠지. 너도 나중에 나랑 똑같은 딸
　　　낳아봐야 알 거야. 이제 너한테 아무 얘기도 안 하고 혼자 삭이
　　　다 죽어버릴 테니 걱정 마.
효원: 엄마 정말 왜 그래? 그런 게 아니잖아!

엄마랑 한바탕 싸우고 난 후 밖으로 나간 효원 씨는 카페에

서 시간을 보냈지만, 우울한 마음은 해소되지 않았다. 어릴 때부터 엄마가 우울해하는 모습을 많이 본 탓인지 성격이 부정적으로 변했고, 이제는 다른 사람 얘기를 들으며 감정이 소모되는 것을 극도로 꺼려, 혼자 있는 걸 좋아하게 되었다.

이제 성인이 되어 엄마를 객관적으로 바라보니 단점이 많이 보였다. 효원 씨도 서른 살이 넘었으니 모든 걸 포용하고 이해해보려고 했지만 어느 순간부터 엄마가 무슨 말만 하면 짜증이 난다.

효원 씨가 생각하기에 엄마는 자아도취성향이 강하고 모든 잘못된 일은 남 탓을 하고, 대화는 남 흉보기로 시작해 자기자랑으로 끝났다. 그런 엄마의 모습이 철없고 딱해 보이면서도 이제는 정말 싫다. 그렇다고 천륜을 끊을 수도 없고, 한숨밖에 안 나온다.

'남들은 다 행복한 것 같은데 나는 왜 35살이 되어서도 부모 때문에 힘들어야 하지?'

대학 시절부터 지방에 있는 본가를 떠나 서울로 오게 되면서 효원 씨는 부모님과 독립하기 위해 노력했다. 정확히 말하면 부모님의 정서적 학대에서 벗어나고 싶었다. 그러기 위해서는 경제적 독립이 필요했고, 학기마다 도서관 근로 장학생, 예식장 아

117

르바이트를 하면서 학비와 생활비를 마련했다.

경제적 독립을 하면, 부모님과 가끔 만나면, 상처가 잊힐 것이고, 사이가 좋아질 것이라고 생각했지만 30대 중반이 된 지금도 여전히 가슴 속의 앙금은 그대로 남아 있다. 그러다 어느 날 엄마에게 용기를 내어 말했다.

효원: 엄마, 혹시 중1 때 내가 이틀 동안 집 나갔던 거 기억나?

엄마: 응, 당연하지. 네가 그때 집 나가서 엄마가 얼마나 충격 받았었는데….

효원: 나 그때 엄마한테 맞는 게 너무 싫었어. 거짓말한다고 때리고 숙제 안 했다고 때리고, 옆집 민화보다 공부 못 한다고 신경질 내고, 결정적으로 내가 한 일이 아니었는데, 오빠가 잘못한 걸 내가 했다고 혼내서 억울하다고 말했더니 대든다고 때려서 정말 참을 수가 없었던 거야. 엄마는 내가 안 그런 거 알고 있었어?

엄마: 무슨 소리야? 내가 언제 그랬니?

효원: 엄마가 그때 이렇게 말했잖아. '이제 대들기까지 해? 정말 버릇이 없구나. 엄마가 너를 어떻게 키웠는데 엄마한테 그따위로 말하는 거야. 이제 정말 못 참아.'

엄마: 넌 진짜 이상하다. 아직까지 그런 걸 일일이 기억하고 있니? 그

렇게 사소한 것까지 마음에 담아두면 엄마가 너한테 무슨 말을
할 수 있겠니?

엄마에게 '미안해'라는 한 마디를 듣고 싶었는데, 엄마는 자
신이 언제 그랬느냐며, 금시초문이라며, 사소한 일에 예민하게
반응한다며 효원 씨에게 짜증을 냈다. 그러면서 이렇게 말했다.

엄마: 그땐 다 먹고 살기 힘들어서 그런 거야. 형편이 어려워서 다 해주
진 못했어도 너희를 못 키우지는 않았다.

엄마의 당당한 답변에 효원 씨는 더 이상 할 말이 없었다. 심
리학 책에서는 어릴 때 부모에게 받은 상처를 부모에게 털어놓
고 사과를 받으면 좋아진다고 했는데, 그런 일은 자신에게 존재
하지 않는가보다 라고 생각하며 쓸쓸하게 웃었다.

생각해보면 엄마도 가여웠다. 엄마 역시 외할머니한테 당하면
서 자랐다는 걸, 어쨌거나 가난한 가정 형편과 시집살이 속에서
아이들을 키우기 위해 삶의 일부분을 희생했다는 것을 이해하
게 됐다.

지금처럼 여러 가지 선택지와 정보가 없었던 시절, 엄마가 자

119

라온 경험대로 자신을 키웠다는 것 역시 이제는 안다. 하지만 그 대가로 끝없는 감정 쓰레기통 역할을 하는 게 당연한 것인지, 다른 집 자식들도 다 이런 역할을 당연히 하고 있는 것인지 궁금해진다.

𝒪 어른이 되는 길

어릴 때 부모가 조성한 환경이 성인기까지도 영향을 미치는 것은 부정할 수 없는 사실이다.

"제가 어린 시절 부모님이 저를 사랑해주지 않았어요. 그리고 아무런 도움도 주지 않았어요. 그래서 저는 혼자서 모든 것을 해결하고 성공하기 위해 발버둥을 쳤지요. 악바리로 노력해서 성공했어요. 근데 지금도 부모님을 원망하고 있어요. 그때 나를 조금만 더 사랑해줬더라면, 나를 더 도와주었더라면 내가 좀 더 따뜻한 사람이 되지 않았을까 생각해요"

중년이 되었지만 아직 부모님을 원망하는 여성의 이야기를 들으며, 어린 시절의 상처는 왜 평생을 따라다닐까에 대해 다시 한 번 생각해보았다.

하지만 언제까지 그 상황에 머무를 수는 없는 법. 과거 속에

살다보면 현재를 누리지 못한다. 과거에 머물다 보면 현재 내가 할 수 있는 것, 해야 하는 것에 집중하지 못하고 심적으로 나약해지게 된다.

그때 부모님이 왜 그랬을까 하며 사람이나 상황을 원망하기보다는 앞으로 내가 더 잘 살아가는 법을 고민해야 한다. 재미있고 좋은 일은 과거가 아니라 틀림없이 현재와 미래에 있다. 무엇이든 내 힘으로 바꿀 수 있으니까 말이다.

그러기 위해서는 부모도 완벽한 인간이 아니라는 걸 인정해야 한다. 부족하고, 가여운 존재라고 여겨야 한다. 그래야 마음이 편해지고 현재에 집중할 수 있으며, 나아가 내 자식에게 대물림 하지 않을 수 있다. 과거의 나는 어리고 나약해서 의지할 사람이 필요했지만 현재의 나는 '내 인생의 주인'으로서 내가 나를 위로하고 모든 선택과 책임을 질 수 있고 수용할 수 있는 어른이 되어야 한다.

'엄마 때문에 난 잘 살 수 없어. 좋은 부모가 될 수 없어. 엄마가 날 이렇게 만든 거야' 가 아닌 '엄마 덕분에 난 어떻게 하면 잘 살 수 있을지, 우리 아이들에게 상처를 주지 않을지에 대해 알게 되었어. 반면교사 삼아서 우리 아이들에게는 그런 상처를 주지 말아야지. 내 대에서 대물림을 끊을 거야'라고 생각해보

자. 이제 우리는 정서적, 경제적 독립을 했고 성인으로서 스스로 결정할 수 있다. 내가 내 인생의 주인이라는 점을 되새기는 것이다.

MBC〈휴먼다큐 사람의 좋다〉에서 그룹 '소녀시대' 멤버였던 티파니의 이야기를 본 적이 있다. 15세에 집을 떠나 스타덤에 오른 티파니는 어린 시절부터 아버지의 채무 때문에 고통의 시간을 보냈고 여러 차례 금전적 책임을 지기도 했다고 한다. 그런 그가 자신의 힘든 시절을 돌아보며 이렇게 말했다.

"우울증이 밀려올 때 언니가 해준 말이 있어요. '안 괜찮아도 돼, 그렇지만 괜찮아 질거야'라고요. 저뿐만 아니라 그 어떤 사람이 됐든 숨고 싶고 포기하고 싶고, 그런 감정들이 생기는 순간이 많잖아요. 그런데 제가 이 순간에 용기 내는 모습을 보여준다면 다른 친구들도 다른 사람들도 이런 힘든 순간을 극복할 수 있겠죠. 아티스트 티파니 그리고 인간 티파니 둘 다 건강하고 행복하다는 걸 보여주고 싶어요."

당신이 지금 괜찮지 않아도 괜찮다. 지금은 괜찮지 않아도 언젠가는 괜찮아질 수 있는 희망이 있고 다른 사람도 그 모습에 용기를 얻을 수 있으니 말이다.

🔗 '찬밥은 참아도 차가운 말은 못 참는다'

중국 속담에 '차가운 차와 찬밥은 그래도 참을 수 있으나 차가운 말은 도저히 참기 어렵다'는 말이 있다. 이처럼 부모와 자식 간에도 절대 하지 말아야 할 말이 있다. 그러나 우리는 때로 화가 났다는 이유로 감정을 극대화시켜 가시 돋친 말을 내뱉기도 한다.

부모에게 해서는 안 되는 말

"차라리 내가 태어나지 말 걸 그랬어. 태어나지 않는 게 나을 뻔 했어."

→ (이 말을 들은 부모) '내가 그동안 널 잘 키우려고 얼마나 애를 썼는데? 내가 힘들어도 너 잘되라고 이렇게 참았는데…'

"엄마가 해 준 게 뭐가 있는데?"

→ (이 말을 들은 부모) '물질적으로 풍요롭게는 못했어도 그래도 최선을 다한 줄 알았는데…'

"난 엄마처럼 살지 않을 거야."

123

→ (이 말을 들은 부모는) '내가 인생 헛살았구나. 내 인생을 내 자식도 인정 못하잖아.'

"엄마가 뭘 알아? 아무것도 모르면서."

→ (이 말을 들은 부모는) '그래, 나는 아무것도 모르는 멍청이다. 네가 언제 나한테 속마음을 이야기해주기는 했니?'

자녀에게 해서는 안 되는 말

"내가 널 낳지 말 걸 그랬어. 널 왜 낳았는지 모르겠다. 너도 나중에 너랑 똑같은 애 한 번 낳아봐라."

→ (이 말을 들은 자녀는) '그럼 나를 왜 낳은 거지? 상처를 주기 위해서?'

"엄마가 너한테 제대로 못 해 준 게 뭐가 있어?"

→ (이 말을 들은 자녀는) '지금까지 내가 원하는 걸 다해줬다는 거야? 아님 지금까지 해준 거 내놓으라는 말인가?'

"넌 나처럼 살면 안 돼."

→ (이 말을 들은 자녀는) '엄마는 인생을 잘 못 살았나보네. 아빠랑 사는 게, 나랑 사는 게 그렇게 싫었나?'

"어린 네가 뭘 알아? 아는 척 하기는."

→ (이 말을 들은 자녀는) '저도 제 나이에서 알 건 다 안다고요. 어리

다고 무시하지 마세요. 저를 무시하는 사람하고는 이야기하기 싫어요.'

부모와 자식마저 서로를 사랑하지 않는다면, 자신의 감정을 해소하기 위해 상대에게 미운 말을 아무렇지 않게 쏟아낸다면 어디에 가서 마음을 쉬게 하고 사랑을 배울 수 있을까.

🔗 차별과 설움을 이야기하고 싶다면

'마음은 관계에서 나온다.' UCLA 정신과 교수인 대니얼 시겔 (Daniel Siegel)의 말이다. 부모와 자식 사이에도 부정적 감정의 앙금이 남아 있으면 성인이 된 후에도 삐걱거리는 경우가 많다. 과거를 정리하고 새로운 관계를 설정해보려고 해도 자꾸 감정 섞인 말이 나간다.

용기를 내어 과거의 상처를 꺼내보고 싶지만 덤덤하게 이야 기할 자신이 없다면 하나의 팁이 있다. 부모를 'VIP 고객'이라고 생각하는 것이다. VIP 고객을 대할 때 최대한 고객의 기분을 맞추고, 감정을 자극하지 않고, 사적인 감정을 숨기는 것처럼 부모를 VIP 고객으로 생각하면 조금 더 침착하게, 객관적인 관점을 유지하면서 상처로 남았던 과거 일에 대해 말할 수 있다.

왜 그렇게까지 해야 하냐고? 그래야 부모와 말다툼하지 않고 과거의 일에 대해 조금 더 길게 이야기를 나눌 수 있기 때문이다. 부모에게 "그때 대체 왜 그랬어요"라고 따지는 식으로 말하면 부모는 자신에게 대든다고 생각해 발끈하면서 방어적으로 반응할 것이다.

최대한 침착한 표정으로 "내가 엄마랑 잘 지내고 싶고 엄마에게 사랑을 드리고 싶은데, 실은 이런 게 마음에 걸려서 잘 안 되네"라는 전제를 깔고 하고 싶은 말을 하라. 누구나 인간은 자신보다 약한 사람에게 측은지심을 갖게 된다.

부모가 설사 잘 들어주지 않거나 인정하지 않을 수도 있다. 괜찮다. 늘 목에 뭔가 낀 것처럼 날 괴롭히던 사실을 말하게 된 것만으로도 대단한 성과다. 중요한 것은 싸우려는 것이 아니라 화해를 하고 부모와 좋은 관계를 유지하려고 노력한 것이다. 받아들일 수 있는 성숙한 부모라면 사이가 조금 더 좋아질 것이고, 그릇이 작아서 못 받아들인다면 어쩔 수 없는 것이다.

몸이 정말로 아플 때 비명소리조차 낼 수 없는 것처럼, 마음도 정말로 아프면 아무 표현도 못한다. 말로 표현을 하게 된 것은 우리가 그 상처를 조금 더 이겨냈고 이겨낼 힘을 가지게 됐다는 것을 의미한다. 앞으로 조금씩 더 괜찮아지고 어느새 아픔은 과거가 되어 있을 것이다. 조금 더 지나면 그 상처를 드러내고 햇볕에 말릴 수 있는 시간이 찾아올 것이다.

"아버지 옆에 서면 숨이 막혀요"

🔗 단 둘이 남겨졌을 때의 어색함

당신은 아버지와 어떤 관계인가? 점수로 환산해 본다면 100점 만점에 몇 점 정도일까. 남성이라면 성인이 된 이후로 아버지와 사우나를 가거나 맥주 한 잔 하자고 권해본 적이 있는가? 여성이라면 아버지와 단둘이 밖에서 밥을 먹어본 적이 있는가? 같이 사진 찍은 기억은?

그러고 보니 주변에서 아버지와 함께 시간을 보내며 마음속 깊은 이야기를 나누거나 술잔을 기울이는 사람을 본 기억이 별로 없다. '평소 식사할 때도 할 말이 없는데 따로 만나서 무슨 말을 한담?' 이런 생각이 들 수도 있을 것이다. 아버지의 말은 늘 잔소리나 훈계여서 대화가 잘 이어지지 않는다며 부모와 대화의 어려움을 토로하는 이들이 많다.

28살 상욱 씨는 중학생 시절 이후로 아버지와 말을 길게 나눈 적이 별로 없다. 아버지는 세무직 공무원으로 세무서와 집만 정직하게 오갔고 어릴 때부터 상욱 씨의 의견을 무시한 채 일방적으로 자신의 사상을 주입시키려고만 하셨다. 반면 어머니와는 사이가 좋은 편이다. 어머니는 상욱 씨의 말을 잘 들어주고 의견을 존중해주는 터라 아버지에겐 말하지 못하는 진로 고민과 일상생활 등에 대해 자세히 털어놓는다. 상욱 씨가 일상에서 아버지와 가장 많이 나누는 대화는 바로 '엄마 찾기'다.

상욱: 엄마 어디 가셨어요?

아버지: 시장 갔다.

상욱: 네.

아니면 아버지가 묻기도 한다.

아버지: 네 엄마 언제 오냐?

상욱: 전화해 볼게요.

129

그러던 아버지가 2년 전 은퇴하셨다. 더 이상 출근하지 않는 아버지는 매일 거실 TV 앞에 앉아 리모컨을 쥐고 계신다. 상욱 씨는 그런 아버지와 마주하는 것이 불편해 주말이면 거실에 얼씬도 하지 않는다. 한번은 "밖에도 나가고 친구분도 만나지 그러세요?"라고 말씀드려봤지만 별 반응이 없었다. 어쩌면 일에만 매진하다 보니 친구나 취미가 딱히 남아 있지 않을 수도 있겠다는 생각이 들었다.

그러다가 일이 터졌다. 노후자금을 마련해 보겠다고 지인에게 투자했지만 그게 잘못된 모양이었다. 퇴직금을 몽땅 날리고 말았고 이후 가족의 갈등은 더욱 심해졌다. 아버지는 점점 한숨 쉬는 날이 많아졌고 비난의 화살은 공무원 준비에 매진하는 상욱 씨에게 쏟아졌다.

"3년 동안이나 공무원 준비하는 데 아직도 안 된다면 저능아인 거 아냐?"

"내가 지금 준비해도 너보다 빨리 붙을 수 있을 것 같다. 집중을 하긴 하는 거냐?"

"넌 밥만 축내는 밥충이다. 내가 밥충이를 키웠어. 밥충이를!"

상욱 씨가 아버지에게 꾸지람을 들은 날은 불 꺼진 방에 누워 하루 종일 바깥으로 나오지 않았다. 아버지와 갈등의 골이 깊어지다 보니 언젠가부터 아버지와 한 마디 말도 나누지 않고 아버지가 안 계실 때만 잠시 거실에 나와 있는 정도다. 이런 상황에서 공부에 집중하기도 어렵다 보니 상욱 씨는 독립만을 꿈꾸고 있다.

"집에서는 숨막힐 것 같아서 더 이상 못 살겠어요. 제가 살기 위해서라도 독립하고 싶어요."

🔗 아버지는 낯선 사람과 동급?

4년째 대화가 단절된 부자가 KBS2 〈대국민 토크쇼 안녕하세요〉를 통해 화해를 시도한 적이 있었다. 고등학교 진학 문제로 다툰 후 아들과 아버지가 밥도 같이 안 먹고 눈도 안 마주치고 투명 인간 취급을 하는 가족의 사연이었다. 아들의 이야기를 들어보자.

"지금 아빠가 옆에서 있어서 불편하다. 어렸을 때랑 중학생 때 아빠한테 많이 맞았다. 그때는 맞는 게 당연한 줄 알았다. 하지만 고등학생 때 생각해 보니 맞은 이유를 알 수 없었다. 한번은 자퇴하고 나서 머리를 안 잘랐더니, 아빠가 가위를 가지고 와서 머리카락을 잘라버렸다. 그런 일이 하나둘 쌓이다 보니 싫어졌다."

자녀와 대화를 나누지 않는 아버지. 과연 상욱 씨나 TV에 나오는 일부 가정의 문제일까? 시민모임 '함께하는 경청'이 실시한 여론조사에 의하면 성인 남녀 1,000명 중 '지난 한 주간 아버지와 전혀 대화나 의사소통이 없었다'는 응답이 40%나 됐다.

또한 대화나 의사소통을 얼마나 잘 하는지 묻는 문항에서 상대가 아버지인 경우 '잘한다'는 응답은 12%에 불과했고, '못한다'는 응답은 50%나 됐다. 비슷한 빈도를 보인 것은 '처음 만나는 모르는 사람'으로 아버지는 '처음 만나는 모르는 사람'처럼 어색한 사이라는 것이다.

"아버지와 말이 안 통해요!" 청소년들부터 성인까지, 적지 않은 사람들이 아버지와 대화하기 어렵다고 말한다. 반대로 아버지 역시 자녀들이 이해가 되지 않는다고 푸념하기도 한다. "내가 키운 자식이 어떻게 저럴 수가!"라는 반응을 보인다.

태어나면서부터 함께해 온 부모와 자녀의 대화가 어렵다니 아프고도 슬픈 현실이다. 어찌 보면 현재의 문제가 아니라 과거부터 이어져 온 문제인지도 모른다. 아버지와 대화할 때 '처음 만나는 사람'처럼 서먹서먹한 사이가 되는 것은 왜일까. 대화 단절의 원인을 세 가지로 생각해보았다.

🔗 생계가 최우선이라 "시간이 부족해"

우리나라의 중장년층인 50~60대는 이른바 낀 세대로 부모님과 자녀의 생계를 함께 도맡아야 하는 막중한 책임감을 가지고 살아왔다. 새벽같이 출근해서 한밤중에 퇴근하니 아이들과 대화는커녕 얼굴 보기도 힘들었고 가족들과 친밀한 시간을 갖기도 어렵다.

함께 보내는 시간이 적으니 자녀들도 아버지에게 거리감을 느끼게 되고 자녀들도 성장하면서 학원이나 야간자율학습으로 집에 있는 시간이 줄어들게 된다. 시간이 없고 바쁘다는 이유로 줄어든 대화가 어느새 대화 단절로 이어질 수 있는 것이다.

🔗 권위주의적인 "나를 따르라"

권위와 권위주의는 타인을 따르게 한다는 점에서는 같으나 권위는 저절로, 권위주의는 억지로 따른다는 점에서 큰 차이가 난다. 권위는 타인이 알아서 인정해주는 것이고, 권위주의는 타인의 동의나 대접을 강요하는 것이다.

옛날에는 가부장적인 아버지의 모습이 보편화됐기에, '아버지'라는 단어를 떠올리면 엄하고 무섭고 다가가기 힘든 존재였다고 말하는 부모 세대가 많다. 권위주의적이고 과묵한 아버지 밑에서 무조건 따르는 모습을 미덕이라고 생각하며 살아왔고, 순종적으로 살아왔던 생활패턴을 은연중 자식에게도 강요하게 된 것이다.

부모와 살갑게 굴거나 긴 대화를 나눈 적이 없는 사람들은 이렇게 말한다. "부모님은 저를 이해를 못하시더라고요. 솔직히 전 하고 싶은 것이 있는데 말하면 어차피 잘못된다고 하면서 뭐라고 하세요. 저하고 의견 차이가 생기면 제 의견을 존중하기보다는 아버지 말이 맞다며 울타리 안에만 두려 하고, 가치관도 부모님 의견을 강요하는 것 같아요. 제 말을 듣지 않고 아버지 생각만 이야기하시니까 대화가 말다툼으로 이어질 때가 많아서 이제는 의식적으로 대화를 피하게 돼요."

자녀가 어렸을 때부터 대화를 많이 안 해왔던 탓에 대화를 기피하는 습관이 남아 있어서 대화하는 데 어색하다. 자녀와 대화하는 방법도 잘 모르다 보니 요즘 뭘 생각하고, 뭐에 관심이 있는지 잘 알지 못하게 되고, 공통 주제가 없어서 시간이 있어도 서로 어색하다. 그렇게 부자간 또는 부녀간 진솔한 대화 없이 시간이 흘러 아이들이 성인이 되면 부모에 대한 관심이 줄어들다 보니 이제 부모에게 궁금한 것도 별로 없다.

재밌는 사실은 청소년기 시절 아버지가 자녀와 대화를 나누는 주제가 대부분 '학업 및 성적, 진로'이다 보니 성인이 된 이후로 이야기 나눌 주제가 딱히 없다는 것이다.

반면 어머니와는 자녀의 '감정과 생각'에 대한 주제로 대화를 나눈다고 한다. 그러다 보니 자녀는 아버지를 '돈 벌어 오는 사람, 공부하라고 잔소리 하는 사람'으로밖에 볼 수가 없는 것이다. 청소년기 시절 자녀가 가장 많이 들은 말은 "공부해", 아버지가 가장 많이 들은 말은 "용돈 줘"라는 말이 어색하지 않은 현실이다.

부산에서 근무하는 동현 씨도 사정은 비슷하다. 서울에 사는 가족들과 한 달에 한두 번 만나는 생활을 몇 년째 계속하고 있다. 성인이 된 아들과 딸은 주말에도 바빠 얼굴을 보기 힘들고 평일에 통화하는 일도 거의 없다. 아들은 청소년기에는 게임에 빠져 아버지를 속상하게 했고, 교대에 들어가 임용고시를 앞두고 진로를 갑자기 바꾸겠다고 해 온 집안이 뒤집힌 적도 있다.

그는 자신의 기대에 따라주지 않는 아들이 못미덥기만 하고 아들도 자신의 선택을 인정하지 않는 아버지를 데면데면하게 대한다. 둘째는 사춘기 이후 아빠를 어색해해 거의 얘기를 나누지 않게 되었다. 동현 씨는 이제 3년 후면 정년퇴직인데 걱정이 많다. 가족과 함께 있어도 무인도에 혼자 있는 것처럼 외롭기만 하고 한평생 가족을 위해 헌신했는데 정작 가족 안에서 자신의 자리는 없는 것 같기 때문이다.

'침묵이 금이다' '남자는 울면 안 된다'라는 것을 미덕으로 여기고 과묵하게, 감정을 억압하며 살아온 중장년층에게 갑자기 변화를 요구한다면 받아들이기는 쉽지 않다. 그래도 시대가 변했으니 대화의 기술을 익혀야 한다.

1. 공통 주제를 찾을 수 있도록 관심을 갖자.

자녀와 대화를 하기 위해서는 그들의 관심사항을 화두로 두고 말하는 것 외에는 달리 방법이 없다. 이때 생활태도, 성적, 진로, 취업, 결혼, 자금 마련에 대한 이야기는 '금지어'다. 이런 이야기가 나오는 순간 자녀는 잔소리로 인식한다. 이런 주제를 뺀 모든 대화를 시도해보자.

운동·연예인·여행·영화처럼 단순하고 쉬운 주제부터 시작하면 어느 순간 공통된 주제로 술술 대화가 이어지게 된다. 또한 함께 하는 외출을 권하고 싶다. 외식, 산책, 여행, 취미 공유 등 새로운 공간에서 시간을 함께 보내는 일정을 만들면서 조금씩 서로를 이해할 수 있는 시간을 갖자.

'사랑하면 알게 되고 알게 되면 보이나니, 그때 보이는 것은 전과 같지 않으리라'는 명언처럼 함께 하는 시간이 많아지면 아는 것이 많아지게 된다. 자녀에 대한 관심을 구체적인 말로 표현하라. 자녀의 대답도 훨씬 자세해 질 것이다.

"요즘 준곤이는 어떻게 지내니? 전에 사귀던 여자친구 계속 사귀나?" "아빠가 전에 권해준 영화 봤어? 안 봤으면 같이 보러 갈래? 아빠 또 보고 싶은데" 등 일상을 알고 나누는 연습을 해야 한다.

2. '내가 자녀 입장이라면 어떨까?'

자녀들이 아버지와의 대화를 피하는 이유 중 하나는 언제나 대화를 하면 혼나는 기분이 들기 때문이다. "옷이 그게 뭐니?" "어른이 됐으면 어른답게 행동해야지, 아직도 그러고 다니냐?"란 말을 들었을 때 자녀가 웃으며 대답하기는 쉽지 않다.

자녀들은 중학생 이후로 눈에 띄게 자아가 강해진다. 하지만 부모 입장에서는 '아직 어리니까'라는 생각을 가지고 자녀를 대하게 되고 성인이 되어서도 '아직 부족하다' '아직 멀었다'라는 생각을 유지한다면 자녀와 동등한 입장에서 대화하기가 어렵게 된다.

자녀와 대화할 때 세 가지를 기억하자. 첫째, '자녀의 생각을 이해하려고 노력해야지'라는 생각으로 이야기를 듣자. 자녀의 생각에 동의는 못하더라도 인정할 수 있게 된다. 사람은 인정 욕구가 강한 동물이다. 아버지가 자신의 감정을 궁금해 하고, 인정해주면 자녀도 답답한 감정이 풀리고 응어리가 해소되게 된다.

둘째, 자녀가 이야기를 할 때 동의하지 못하거나, 언짢은 대목이 있더라도 도중에 자르지 말고 일단 끝까지 다 듣고 나서 부모의 생각을 이야기하자.

셋째, 이야기를 들은 후 질책하거나 훈계하지 말자. "넌 그래서 문제야!" "그렇게 네 맘대로 할 거면 앞으로는 전부 다 네 마음대로 해!" 하는 식으로 비난하지 말자.

얼마 전 회사를 그만 둔 소원 씨는 그동안 퇴사에 대해 아버지께 여러 번 의논했었다. 아버지는 그때마다 "회사 그만두면 갈 데가 없다. 웬만하면 버텨라"라는 식의 말씀만 계속했다. 그러다가 소원 씨가 정말 힘들어하는 것 같을 때 "그까짓 회사 그만둬라. 넌 실력이 있으니까 어디서든 잘 할 수 있을거야"라고 말했다. 소원 씨는 아버지의 말을 듣고 "실은 그 말이 듣고 싶었어요. 고마워요"라며 인정과 지지의 말이 큰 힘이 되었다고 말했다.

3. 어머니의 다리 역할이 중요하다.

이렇게 아버지가 먼저 달라진 자세로 다가가면 좋겠지만, 사실 쉽지 않은 일이다. 오랜 습관을 배어 있기 때문이다.

그동안 아버지들은 자녀들에게 자신의 감정을 비밀인 것처럼 보여주지 않았다. 약한 모습을 보이는 건 남자답지 않다고 생각해 힘든 내색을 하거나 고민거리를 나눠본 적도 없다. 또한 직장 이외의 방법으로 자아를 실현해본 경험이 없는 경우가 대부분이다.

이럴 경우 어머니의 역할이 중요하다. 소외와 연대 중에서 선택해야 한다. 그동안 일에 치여 가족을 등한시했던 남편이라고 소외시킨다면 아버지의 외로움은 더욱 커지게 된다.

"네 아빠는 우리한테 도통 관심이 없다"라고 서운해 하기보다는 가족 카카오톡 방 개설하기와 같은 잦은 정보의 공유로 연대감을 키우는 것이 필요하다. 가족 안에 아버지의 자리를 만들어 품어준다면 아버지와 살가운 대화를 나눌 수 있는 기회가 많아질 것이다.

"넌 잘난 것도 없으면서"

◯

🔗 다른 사람 앞에서 흉을 잡히다

예진 씨는 며칠 전 딸과 크게 싸웠다. 딸이 진지하게 만나는 남자 친구가 있다며 엄마에게 소개를 하겠다고 한 날이었다. 딸은 엄마에게 "제발 남자 친구 앞에서 아무 말이나 하지 마"라며 몇 번이나 신신당부했다. 예진 씨는 "그런 소리를 왜 하니? 엄마가 어련히 잘하려고"라며 웃어 넘겼다.

예진 씨와 딸은 약속한 시간보다 일찍 카페에 도착했고 잠시 후 남자 친구가 걸어오는 모습이 유리창 너머로 보였다. 예진 씨는 딸의 남자 친구가 잘생기고 듬직해 보여 환하게 웃으며 말했다.

"우리 딸이 남자 친구 한번 잘 구했네."

"그렇지, 엄마?"

두 사람은 마주보며 웃었다. 잠시 후 카페 안으로 들어온 남자 친구가 두 사람에게 인사를 하자 예진 씨도 즐거운 마음으로 대답했다.

"안녕하세요. 어머님 말씀 많이 들었습니다."

"만나서 반가워요. 참 훤칠하니 잘생겼네. 팔다리도 길쭉길쭉하고. 예진이는 나를 닮아서 짜리몽땅해요. 호호."

딸이 표정을 살짝 찡그리며 예진 씨를 돌아봤지만, 예진 씨는 특유의 넉살좋은 말투로 딸에게 말했다.

"넌 이런 남자 친구랑 다니면 다리가 더 짧아보이겠다. 앞으로는 치마라도 좀 올려 입어!"

"엄마! 무슨 말을 하는 거야!"

딸은 남자 친구 앞에서 자신을 깎아내리는 예진 씨의 말에 그만 폭발하고 말았다.

🔗 가장 가깝고, 가장 친밀한 존재

세상에서 가장 가까이 있으며 나를 잘 아는 사람, 그러다 보니 단점을 지적하기도 쉬운 사람, 부모이다. 지나가는 사람이 나에 대해 지적을 하면 '날 잘 모르면서 함부로 말하기는' 하고 넘겨버릴 수 있지만, 가장 가까이에 있는 부모가 나를 깎아내리는 말을 하면 두고두고 상처가 된다. 성인이 되어서도, 중년이 되어서도 잊히지 않는다.

자기 자식이 잘못되기를 바라는 부모가 어디 있겠는가? 나보다 훨씬 훌륭하고 안과 밖 모두 출중한 사람으로 키우고 싶지 않은 부모가 어디 있겠는가? 하지만 우리는 너무나 무지한 상태로 부모가 된다. 우리가 부모에게 정말 듣기 싫었던 말들, '넌 안 돼' '네가 그렇지 뭐' '도대체 잘하는 게 뭐니?' 같은 말을 아무렇지 않게 자녀들에게 반사한다.

더욱 문제가 되는 것은 평소 우리의 말 습관을 잘 모르고 있기 때문에 그러한 말들이 상처가 된다는 사실을 전혀 인지하지 못한다는 것이다. 우리의 부모가 우리에게 상처를 되는 걸 모르고 그런 말들을 했던 것처럼 우리도 자식들에게 무의식적으로 자존감을 깎아내리는 말을 하게 된다. 슬프게도 우리는 피해자인 동시에 가해자가 된다.

돌이켜 생각해보면 필자가 자존감을 회복하게 된 시기는 30대 초반이었다. 완벽주의자 엄마가 보기에는 뭘 해도 부족하고 덤벙대고 끈기 없는 아이에 불과했고, 엄마가 하는 말, "넌 우유부단해서 탈이야" "이렇게 쉬운 것도 제대로 못하는데 뭐든 제대로 할 수 있겠니?"를 들으며 자랐다.

20대 후반까지 스스로 '별 볼 일 없는 사람'이라는 생각을 많이 했다. 용기도 없고 끈기도 없으니 새로운 일을 시작도 못하고 제대로 끝도 내지 못했다.

하지만 30대 초반 육아와 출산, 직장생활, 대학원을 동시에 이루어내면서 긴 터널을 빠져나왔음을 알게 되었다. 첫째 아이가 세 살 때 대학원에 입학해 둘째 아이를 낳았고, 한 학기만 휴학 후 동기들과 함께 졸업할 즈음이었다. 논문을 썼던 마지막 학기에 내부순환로의 홍지문터널과 정릉터널, 두 개의 터널을 지나오는데 햇볕이 차 안으로 밀려들려왔다. 그때 갑자기 '내가 인생의 긴 터널을 지나왔구나'라는 생각이 들었고 이후 드디어 나를 괜찮은 사람으로 인정하기 시작했다.

그때는 그게 어떤 의미인줄 몰랐지만 자존감을 회복한 계기가 되었고 이후 다른 사람들 앞에서 당당하게 말할 수 있었다. 이제는 '내가 꽤 괜찮은 사람이고 힘을 가진 사람'이라는 걸 깨달으면서 당당함과 대인관계 능력이 향상되었다. 30대가 되어서야 '내 인생의 주인은 나'라는 생각으로 살아가게 된 것이다.

144

𝒪 평생 아물지 못할 깊은 상처

다음 사례를 보자. 40대 중반의 세호 씨는 얼마 전 아버지가 돌아가셨다. 하지만 그는 전혀 슬프지 않았다. 그의 부모는 그가 12살 무렵 이혼을 했고 이후 어머니가 작은 슈퍼마켓을 운영하면서 그와 동생을 부양했다. 아버지와는 1년에 두세 번 만나며 용돈을 받는 정도였다.

그동안 그의 아버지는 1년에 몇 번 만나는 자리에서조차 가슴을 후벼 파는 말을 많이 던지곤 했다.

"넌 키가 그렇게 작아서 어떻게 할래?"

"너도 키가 작은데 여자친구도 땅꼬마 같은 애를 데리고 오면 어떡해?"

"××대? 이름도 모르는 대학에 들어갔네. 거기 나와서 어디 취직이니 하겠냐?"

아버지가 심한 말을 해도 속마음은 그렇지 않을 거라고 생각한 세호 씨는 결혼한 후에도 1년에 서너 번씩 찾아뵈었지만, 그가 아버지를 더 이상 찾아가지 않게 된 일이 발생했다.

갑자기 뇌경색으로 쓰러진 아버지를 입원시킨 후 일주일 동안 회사도 휴가 내고 간병하는 세호 씨에게 "사내새끼가 아버지

아픈데 그거밖에 못 해?"라는 말을 듣고 큰 상처를 입었고, 이후로 더 이상 아버지를 찾지 않게 되었다. 그 후 아버지는 재혼한 아내 옆에서 쓸쓸히 죽음을 맞이하였다.

하지만 세호 씨는 슬프지 않았다. 아버지에 대한 정도 없을뿐더러 아버지와의 추억은 '얻어맞고, 물고문 당하고, 싸가지 없는 놈이라고 욕먹고, 능력 없는 놈'이라며 비난 받은 기억밖에 없기 때문이다.

가장 가까운 사람일수록 독한 말을 아무렇지 않게 내뱉는다. '가족이니까' '내가 너를 잘 아니까'라는 명분으로 상처를 준다. 그런데 서로 아픔을 주는 줄 모르기 때문에 사과를 하거나 잘못된 부분을 인정하지 않게 되고 결국 상처는 그대로 남아 있게 된다. 40대가 된 세호 씨가 아버지의 죽음에 전혀 슬퍼하지 않게 된 것도 결국 그의 가슴속에 남은 상처 때문이었다.

🔗 눈감는 순간까지 궁금한 '그 질문'

"저한테 왜 그랬어요?"

영화 〈달콤한 인생〉에서 주인공 역할을 맡은 이병헌이 목숨을 걸고 물었던 말이다. 그는 이 질문을 하기 위해 수십 명과 육박전과 총격전을 벌이고, 결국 그 대답을 듣고 숨을 거둔다. 이 질문은 어린 시절 부모에게서 많은 상처를 받은 이들이 부모에게 묻고 싶은 말이기도 하다.

가족을 대하는 당신의 말하기 스타일은 어떠한가. 자신의 언어습관에 해당하는 항목에 표시해보자.

가족에게 예의를 지켜 말하려고 노력한다. (예/아니오)

말을 할 때와 장소를 가려 말한다. (예/아니오)

흥분하거나 화가 날 때도 말을 가려서 하려고 노력한다. (예/아니오)

자녀의 장점을 칭찬하는 말을 잘한다. (예/아니오)

자녀 앞에서 다른 사람을 험담하지 않도록 주의한다. (예/아니오)

부모나 자녀가 내 말에 동의하지 않아도 설득하지 않으려고 주의한다. (예/아니오)

자녀가 말을 할 때는 집중해서 듣는다. (예/아니오)

사랑의 잔소리를 수시로 늘어놓지 않으려고 주의한다. (예/아니오)

막상 가까운 사람 앞에서는 생각 없이 말이 마구 튀어나오기도 하고, 자녀를 위해 사랑의 잔소리를 늘어놓기도 한다. 하지만 앞으로는 그것도 잘 기려서 해야겠다. 누군가에는 독이 될 수

147

있으니. 그렇다면 부모가 자식의 마음을 다치게 하는 말은 어떤 것들이 있으며, 어떻게 바꾸어 말해야 할까?

■ 실수에 대한 핀잔

"네가 하는 일이 그렇지 뭐."

"네가 열심히 안 해서 그런 거잖아."

"이런 것도 못하면서 앞으로 뭘 제대로 할 수 있겠어?"

■ 바꾸어 말하기

"일이 잘 안 됐구나. 열심히 해도 안 될 때도 있더라. 다음에 잘 하면 되지."

"나도 어렸을 때 손재주가 없었는데, 나 닮아서 그런가봐. 누구나 잘 하는 게 있고 못하는 게 있는 법이지."

■ 외모 비판

"살부터 좀 빼, 돼지 같다."

"호박에 줄긋는다고 수박 될 것 같아?"

"뭐가 되려고 벌써부터 꾸미는 데 정신이 팔린 거니?"

"좀 꾸며라. 그렇게 안 꾸미면 누가 널 좋아하겠니?"

148

"도토리 키 재기냐? 남자친구 키가 왜 그렇게 작아?"

■ 바꾸어 말하기

외모에 대한 평가는 금물이다. 자식의 살을 빼고 싶다면 당신이 먼저 외모 관리를 하고 운동을 하며 살 빼는 모습을 보여주기를.

(자녀가 살 빼기를 원한다면) "엄마랑 산책 갈래? 엄마가 집에만 있었더니 무릎이 너무 아파서 말이야." "너 괜찮으면 시간 될 때마다 같이 뒷산에 올라가면 좋을 것 같아. 혼자 가보니 외롭더라."

(외모에 지나치게 신경 쓰는 자녀라면 의상이나 화장, 잡화류의 조화를 언급하는 방향으로) "오늘 화장이 잘됐네. 근데 입술 색깔만 좀 더 연하면 옷이랑 잘 어울릴 것 같아."

(외모에 관심이 없는 자녀라면 외모 말고 다른 부분 언급) "우리 딸은 수수한 게 매력이야. 또 잘 웃고 경청을 잘하니 알면 알수록 사람들도 너를 좋아하게 될 걸?"

* 키에 대한 이야기는 대체어가 없다. 꺼내지 말아야 할 금기다.

■ 비교하는 말

"남의 자식들은 다 부모한테 잘만 하던데."

"○○네는 사위까지도 그렇게 잘해요."

149

"○○는 부모 용돈을 100만 원이나 준다더라."

■ 바꾸어 말하기

밥인지 죽인지는 솥뚜껑을 열어봐야 안다. 겪어보지 않은, 다른 집 사정을 우리가 어떻게 알겠는가? 자식들에게 충격이나 자극을 주고 싶어서, 혹은 부러운 마음에 하는 비교의 말은, 자녀들의 자발적 동기를 떨어뜨린다. 하고 싶은 말이 있으면 직접 자녀에게 하기를.

"요즘 엄마 아빠한테 너무 소원한 거 아니야? 좀 서운하네."

"김 서방은 요즘 바쁘니? 통 얼굴보기가 어렵구나."

"혹시 이번 달 엄마 병원비 보태줄 수 있어? 병원비가 많이 나올까봐 걱정되네."

■ 무시하는 말

"생각 좀 하고 말해."

"답답하다, 답답해. 그것도 몰라?"

"넌 항상 제대로 하는 게 하나도 없어."

■ 바꾸어 말하기

"네가 한 말 이해를 잘 못했는데 다시 말해줄래? 뭐라고 한 거야?"

"다시 한 번 말해줄까? 이번엔 기억해줘."

(장점과 단점을 함께 말하면서 원하는 방향만 제시) "요리는 잘하는데 싱크대를 너무 어질러놨네. 다음엔 치워가면서 요리해 줘."

■ 비관적인 진단

"잘 안될 것 같은데."

"그냥 그건 아닌 것 같아."

■ 바꾸어 말하기

"한 번 해봐. 결과는 아무도 모르잖아."

"최선을 다하면 잘 될 수도 있지."

"또 안 되더라도 후회는 없을 걸?"

■ 자녀의 존재를 부정하는 말

"넌 누구 닮아서 그러니?"

"내가 널 낳고 미역국을 먹었다니."

"자식이 아니라 웬수야."

151

자녀의 가치에 손상이 가지 않게 주의해야 한다. 하고 싶은 말이 있다

면, 사람이 아닌 문제 자체에 초점을 맞춰라.

"네가 이런 행동을 했다는 사실이 너무 속상하다."

"그렇게 상처 주는 말을 한 건 잘못이야. 그런 말은 나한테 큰 상처가

된다."

또한 다른 사람 앞에서 은근히 자기 자식을 낮추는 경우가 있는데 이것은 나를 낮추고 남을 높이는 겸손의 표현이 아니라 '누워서 침 뱉기'라는 속담처럼 결국 자기 얼굴에 먹칠 하는 결과를 낳는다.

21대 국회의원 선거를 앞두고 한 후보가 선거 지원 유세를 온 유승민 의원에게 '인천 촌구석'까지 와주셔서 감사하다고 건넸던 인사가 알려져 파장을 부른 일이 있었다. 통상 손님에게 하는 '누추한 곳까지 와주셔서 감사하다'는 식의 인사였다고 해명했지만 지역감정을 건드렸다는 반응이 터져 나온 것이다. 내 식구인 지역 주민이 받을 상처를 생각하지 못하고 타인만 높이려다 탈이 났다고 할 수 있다. 이런 상황은 가족, 친구 사이에도 일어나곤 한다.

■ 겸손하려는 의도에서

"우리 애가 그래요, 돈도 잘 못 벌고. 어휴, 세상을 어떻게 살아갈지….

호호."

타인의 평가: 어머! 자식이 능력이 없나보네.

자녀의 생각: 내가 돈을 잘 못 버니 부모도 내가 부끄러운가보다.

처음 본 타인에게 자녀의 생김새에 대해 사과하며

"(옷가게에서 직원에게) 얘가 요즘 살이 쪄서 맞는 옷이 있을지 모르겠

네요. 너무 살이 쪄서..."

타인의 평가: 자식이 살 쪘다는 걸 부모도 알긴 아나보네.

자녀의 생각: 엄마가 내가 살찐 것을 창피해 하는 거였어.

'나는 객관적인 부모야'라는 생각에 자식을 감싸주지 않음

"(배우자와 싸웠다는 이야기에) 너 같이 소심하게 굴면 누가 널 좋아하

겠니? 난 네 부인/남편이 이해된다."

타인의 생각: 뭔가 잘못이 있나보네. 그러니까 자기 엄마도 자식 편을

안 들겠지.

자녀의 생각: 아, 나는 세상 어디에도 기댈 곳이 없구나. 혹은 역시 난

쓸모없는 인간이야.

밤하늘의 별도 가족끼리 모여 지낸다. 미국 웨스턴 워싱턴 대학 연구원 마리나 쿤켈(Marina Kounkel)에 따르면 한 성운에서 같은 시간대에 형성된 별들은 마치 끈으로 연결된 듯 가까이 오래 머문다고 한다. 수십억 년 동안 같은 성단(별들의 집단)을 이루는 것이다. 이른바 '가족'인 셈. 하물며 별도 가족끼리 모여 산다는데 사람인 내가 내 편이 없다고 느낀다면 얼마나 외롭겠는가.

자식이 부모에게 왜 이렇게 배가 나왔느니, 주름살이 쭈글쭈글 하냐느니, 왜 우리 부모는 건물주가 아니냐며 지적하지 않듯이, 집에서만큼은 누구나 사회적인 시선에서 자유롭고 편안해야 한다. 고슴도치도 제 새끼가 예쁘듯이 조금 부족해보여도 가족으로서 가장 친한 친구가 되어주었으면 좋겠다.

"언젠가 우리도 모두 나이를 먹겠지만"

🔗 옷 색깔로 정치 성향을 알 수 있다?

수일 씨는 명절을 맞아 부모님을 뵈러 갔다가 아버지와 언쟁만 벌였다. 일흔에 가까운 아버지가 스마트폰을 열심히 하시는 모습이 신기해서 "아버지, 뭐 보세요?"라고 말을 건 게 화근이었다. 유튜브를 보시던 아버지는 "너도 같이 보자"며 이야기를 시작하셨다.

"저거 봐라. 저놈 사기꾼일 줄 알았다."

"내가 다 들었어. 저놈 사실은 뒤에서…."

"다 조작된 뉴스야. 진짜는 따로 있어."

"둘이 몰래 손잡았다더라. 이러다 나라 망한다."

"이 나라는 정상이 아니야. 너도 조심해라."

수일 씨가 보기에 아버지 말씀은 맞는 것이 하나도 없었다. 유튜브 채널도 전부 수상쩍어 보이는 것뿐이었다. 수일 씨는 아버지에게 지지 않고 맞받아쳤다.

"아버지, 그런 이상한 건 왜 보세요? 유튜브 다 가짜뉴스인 거 모르세요? ××색 옷 입었다고 ××당 지지한다는 게 말이 되요? 그런 건 판단력 떨어지는 노인들이나 믿는 거예요. 그리고 그 사람이 사기꾼이라는 증거가 어디 있어요? '뇌피셜'이나 떠드는 저런 유튜브 보지 마세요. 어디 가서 이런 얘기하시면 ××이라고 욕먹어요!"

"뭐어라고? 네가 얼마나 잘났다고 떠들어?"

🔗 정치를 주제로 말하기 어려운 이유

유튜브의 영향력은 어느 정도일까? 재밌는 이야기 하나 해보자. 한국 유튜브 채널 중 광고 수익 1위에 올라 있는 '보람튜브'의 한 달 수익은 약 40억 원에 달하는 것으로 추산되는데 이는 MBC의 월매출과 비슷하다고 한다. MBC 노조는 "하루 MBC 광고 매출이 1억 4천만 원이다. 임직원 1천 700명의 지상파 방송사가 여섯 살 이보람 양의 유튜브 방송과 광고 매출이 비슷해졌으니, MBC의 경영 위기가 아니라 생존 위기가 닥친 것"이라며 2019년에 언급한 바 있다.

MBC 같은 큰 방송사와 개인 유튜브 채널 '보람튜브'의 월 매출이 비슷하다니 믿겨지지가 않는다. 이제 지상파 방송사도 과거의 독점과 영광은 사라지고 외부의 변화에 대응할 대비책을 찾아야 하는 것이다.

일상에서 자주 일어나는 갈등 상황 중 가장 논쟁을 일으키기 쉬운 상대는 누구일까? 바로 '이해관계가 얽혀 있는 사람'과 '정치적 입장이 다른 사람'이다. 무언가를 배우면서 만난 사람들이나 공부하면서 만난 동기들과는 편하게 오래 만나게 되는 생각해보면 이해가 쉽다.

그렇다면 부모와 성인 자녀와의 관계는 어떤가? 이해관계가 깊다. 재정적 지원을 주기도 하고, 받기도 하고 혹은 상호보완적이므로 경제적 이해관계가 깊은 편이다. 늦은 취업과 만혼 등으로 부모와 함께 지내는 기간이 늘어남에 따라 부모의 경제적 지원은 더욱 길어지고 있는 실정이다.

'정치적 입장'은 첨예하게 다른 가정도 있고 비슷한 정치 성향을 가진 가정도 있을 것이다. 아마 서로의 정치 성향을 드러내지 않아서 잘 모르고 있는 가정이 가장 많지 않을까 싶다. 자칫 정치적 입장의 수면 위 등장은 가족 간 갈등을 야기할 수 있기 때문이다.

🔗 확증 편향: 듣고 싶은 것만 듣는다

일상을 점령한 유튜브. 그 중에서도 유튜브를 가장 열심히 시청하는 연령대가 50대 이상이다. 스마트폰 애플리케이션 분석업체 와이즈앱이 지난 2019년 스마트폰 이용자의 이용 현황을 분석해본 결과 특히 50대 이상 이용자의 총 이용 시간이 가장 많이 집계돼 눈길을 끌었다. 50대 이상 이용자가 한 달 동안 유튜브 앱을 사용한 시간을 모두 합하면 101억 분이나 된다고 한다. 중노년층의 유튜브 사랑, 이유는 무엇일까?

우선 TV가 충족해주지 못하는 관심 뉴스와 정보를 쉽게 접할 수 있기 때문이다. "나훈아 씨의 무시로 공연을 보고 싶으면 유튜브로 볼 수 있는 거죠. 근데 TV에선 그게 선택권이 없잖아요." 이처럼 유튜브에는 과거에 대한 추억과 진솔한 삶의 이야기들이 많아 중년층과 노년층이 시간을 보내기에 좋은 벗이 될 수 있다.

또한 이들은 정치, 사회 이슈 관련 뉴스를 많이 보는데 자신의 정치적 성향과 비슷한 유튜브가 많다 보니 더 많은 시간을 할애하게 되는 것이다. 시사 프로그램의 경우 연령대가 높을수록 유튜브 쏠림 현상이 심화되고 있다는 정보통신정책연구원의 분석 결과도 있었다.

스마트폰만 있으면 누구나 시청할 수 있는 유튜브를 통해 정치 정보의 확산과 공유가 이루어졌다는 점이 장점일 수 있지만 유튜브의 확산으로 인해 나타난 문제점 중 하나는 '확증 편향성'이 커졌다는 점이다. 확증 편향은 사람들이 자신의 태도와 일치하는 정보를 선호하는 경향으로 '보고 싶은 것만 본다'와 같은 선택적 노출을 말한다. 유튜브에서는 이용자의 취향을 분석해 그에 맞는 영상만을 추천하기 때문에 자신에게 유리한 정보만을 지속적으로 시청하게 되면서 개인의 확증 편향을 더욱 부추기고 있다.

TV의 토론회에서 토론하는 장면을 본 적이 있는가? 헛웃음이 나올 정도로 각자 일방적인 주장만 계속할 뿐 상대방의 의견은 귀담아 듣지 않는 사람들이 많다. 이런 사람들은 상대방이 제시한 근거도 평가절하하거나 무시하는 경우가 허다하며 정보의 왜곡이나 궤변도 지속적으로 등장한다. 한쪽 눈을 감고 한쪽 눈으로만 보고 싶은 것만 보고 믿고 싶은 것만 믿는 것이다.

'맹인모상(盲人摸象)'이라는 고사성어가 있다. 문제나 상황을 전체적으로 관찰하지 못하고 일면만을 보고 결론 내리는 것을 비유한 말이다. 코끼리를 만져본 시각장애인들이 코끼리의 형상을 굵고 큰 무에 비유하거나, 벼의 쭉정이를 골라내는 키와 같다거나, 절구통과 같다거나 하면서 자신이 느낀 부분이 전체라고 주장했다는 이야기다. 유튜브도 사실 검증 없이 무분별하게 확산되는 가짜뉴스로 인해 세대 갈등은 더욱 늘어날 것으로 보인다.

𝒪 존중할 것, 그리고 또 존중할 것

정치적 성향의 대립 외에 30~40대 자녀 세대와 60~70대 부모 세대가 합의점을 찾지 못하는 부분은 무엇일까? 가치관 대립이 가장 크게 나타나는 부분은 '결혼 문제'다.

60대 이상의 부모 세대는 '나이가 들면 남녀가 결혼해 아이를 낳고 사는 게 당연하다'고 여긴다. 하지만 성인 자녀 세대는 결혼의 중요성을 크게 느끼지 않는다. 2030세대 10명 중 6명은

'결혼과 출산이 필요하지 않다'고 생각하는 등 결혼에 대한 인식이 많이 바뀌고 있는데 여전히 부모 세대는 결혼을 하지 않는 것에 대해 부정적인 인식이 강하다 보니 갈등을 겪을 수밖에 없다.

다른 하나는 '경제 문제'다. 부모 세대는 근면검소하며 성실과 인내로 일생을 살아온 세대이다. 단칸방부터 시작해 내 집 마련을 이룬 세대이다 보니 자녀 세대가 돈을 아끼지 않고 펑펑 쓴다고 생각하는 경향이 있다. 한푼 두푼 모아 내 집 마련하고, 그래야 결혼도 하는데, 버는 즉시 '나를 위해' 써버린다는 젊은 세대를 이해하지 못한다.

흥미로운 사실은 연령대별로 생각하는 '가장 심각한 갈등'이 달랐다는 점이다. '공공의 창'이 실시한 여론조사에 따르면, 20~30는 남녀간 성(性) 갈등을 가장 심각하다고 보는 데 비해 50대의 중년층은 빈부 갈등, 60대 이상은 지역별 이념 갈등을 가장 우려하고 있었다.

그렇다면 부모와 대화를 나눌 때 민감한 주제인 정치 이슈를 아예 제거하는 게 속 편할까? 부모와 정치적 성향이 다르다면 내가 먼저 꺼내지 않는 것이 좋다. 얘기가 길어지고 서로의 입장만 주장하고 설득하려다 보면 논쟁으로 번져 서로의 가슴에 상처를 남길 수 있다.

부모님이 먼저 이야기를 꺼낸 상태라면 가만히 듣고만 있다가 다른 주제로 화제를 돌리는 것도 괜찮다. "참 아버지. 요즘 작은 아버지는 어떻게 지내세요?" "참 아버지 저 며칠 전에 회사에서 이런 일이 있었어요." 이렇게 머릿속으로 얼른 다른 화젯거리를 찾아보자.

다음으로 서로의 정치적 성향을 존중하라. 당신은 커피를 좋아하는가? 맥주를 좋아하는가? 혹은 와인이나 소주가 좋은가? 누군가는 커피를, 맥주를, 혹은 와인을 좋아하는 것처럼 정치적 성향도 하나의 취향일 수 있다. 또한 취향은 고급하거나 저급한 것으로 나눌 수 없는 것이다. 커피를 좋아하지만 원두의 원산지를 모를 수도 있는 것이다.

"넌 아직도 세상을 몰라. 너의 정치적 성향은 틀렸어"라고 말해주고 싶어도 참아야 한다. "틀렸어"라는 말을 듣는 순간, 누구나 본능적으로 무시당했다는 생각에 귀를 닫게 된다.

우리는 모두 "다르다"와 "틀리다"의 엄청난 차이를 알고 있다. 최소한 머리로는 잘 알고 있다. 그러나 실제 상황에서는 나와 '다르면' 불쾌해지고, 불안해지고, 상황을 바로잡아야겠다는 생각이 드는 것이 솔직한 마음일 것이다.

한번 생각해보자. 부모의 정치적 신념을 꺾을 자신이 있는가? 설사 꺾는다면 나에게 어떤 이득이 있는가? 반대로 꺾지 못할 경우 잃을 것은 무엇일까? 나에게 오는 혜택이나 이득도 없는데 우리는 왜 이렇게 '나와 다른 생각'을 쉽게 받아들이지 못하는 것인지 반성해보게 된다. 상대의 생각은 그 사람 것이니 그대로 놔두고 너그러워지자.

"넌 나의 유일한 희망이야"

🔗 처음 만난 자유

박완서 작가의 《도시의 흉년》에는 '부모들은 효도에 의해서건 불효에 의해서건 자식들과 죽도록 연결되어 있기를 꿈꾼다'라는 문장이 나온다. 그래서일까. 자식이 성인이 된 후에도 자식과의 끈을 놓지 못하는 부모를 많이 보곤 한다.

20살이 된 세희 씨는 원하던 대학에 합격했다. 하지만 행복하지만은 않다. 1학기가 끝났지만 친구 한 명 사귀지 못해 대학에서도 늘 혼자였기 때문이다. 세희 씨가 워낙 소극적인 성격이기도 했지만 엄마가 늘 챙겨주었기에 먼저 친구에게 다가가는 것도, 혼자 밥을 먹는 것도 불편하기만 했다. 그는 대학 진학 이후의 혼란을 이렇게 표현했다.

"대학교에 오니까 머릿속이 너무 복잡해요. 고등학교 때까지 엄마가 깨워주면 학교 가서 시간표대로 공부하고, 집에 가면 엄마가 가라는 시간에 맞춰 학원에 가면 됐는데. 대학교에 오니까 왜 아무도 시간표를 안 짜주는 거죠? 갑자기 제가 다 알아서 하려니까 너무 힘들어요."

누가 세희 씨를 이렇게 만든 걸까?

🔗 멍청하고 부지런한 사람의 위험성

똑부, 똑게, 멍부, 멍게란 말을 들어 본 적이 있는가? '똑똑하고 부지런한' '똑똑하고 게으른' '멍청하고 부지런한' '멍청하고 게으른'의 줄임말로 직장인들 사이에 많이 회자되는 말이다. 이 말은 2차 대전 당시에 독일 장군이었던 에리히 폰 만슈타인(Erich von Manstein)이 네 가지 유형의 장교 중 누가 장군으로 승진할 자격이 있는가에 관해 이야기한 것으로부터 유래했다. 그는 이렇게 말했다.

"장교의 종류는 네 개 뿐이다. 멍청하고 게으른 장교(멍게)는 혼자 놔두면 아무 해도 끼치지 않는다. 똑똑하고 부지런한 장교

165

(똑부)는 모든 세세한 사항까지 적절하게 처리되게 하는 뛰어난 참모 장교다. 멍청하고 부지런한 장교(멍부), 이들이야말로 진짜 골칫거리다. 이런 장교는 당장 잘라야 한다. 아무에게도 도움이 안 되는 일만 골라서 한다. 똑똑하고 게으른 장교(똑게), 이들이야말로 장군으로 승진할 자격이 있다."

삼성전자 권오현 회장이 쓴 《초격차》에도 '똑게'에 대한 이야기가 나온다.

> 대기업에서는 '똑게'가 가장 이상적인 경영자입니다. 똑똑하지만 조금은 게을러야 합니다. 즉 미래를 향한 통찰력을 뛰어나고 판단력은 우수하지만, 권한을 부하 직원들에게 과감하게 위임할 수 있는 스타일이 좋습니다.

알겠다. 똑똑하다는 것은 통찰력과 판단력을 갖추었다는 것이고, 게으르다는 것은 모든 일을 자신이 다 관장하는 것이 아니라는 뜻이다. 그렇다면 '멍부'는 왜 위험한 존재가 될까? 방송인 이경규의 명언으로 평가받는 '멍청한 사람이 신념을 가지면 무섭다'라는 말로 쉽게 이해할 수 있다. 신념을 가지면 지나친 자기 확신에 빠지게 되고 다른 사람의 말을 듣지 않게 된다. 눈에 블라인드가 내려진 채로 다른 사람과 대화와 소통이 잘 되지 않고 맹목적인 상태로 확신을 가지고 엉뚱한 방향으로 갈 수 있다는 것이다. 그 길이 잘못된 길인 줄 모르고 말이다.

리더의 분류를 부모로 옮겨와 보자. 자녀를 키우는 데 있어 가장 위험한 유형이 바로 '멍부', 즉 멍청하고 부지런하고 자기 확신까지 있는 부모가 아닐까 한다.

사람은 학습을 통해 성장한다. 하지만 '멍부' 부모는 자신의 의견을 옳다고 착각하기 때문에 부족한 정보를 채울 기회를 놓치게 되고 다른 사람들의 피드백을 듣지 않게 된다.

자신의 의견과 일치하는 정보만 보고, 의견이 다른 새로운 정보는 살피지 않으려 하는 것이다. '멍부' 부모는 자신의 지식과 정보를 과대평가하고, 자신의 방식대로, 신념을 가지고 전진한다. 부지런하기 때문에 자식에게도 모든 것을 물심양면으로 지원하면서 말이다. 설사 안 좋은 결과가 생겨도 근본적인 원인을 파악하기 보기는 자신의 믿음에 확신을 가지고 또 전진한다.

🔗 차일드+샐러리맨=찰러리맨

키덜트가 어렸을 적 향수를 계속 간직하고 싶은 어른이라면,

찰러리맨은 몸만 자란 어른이다. 찰러리맨은 어린이란 뜻의 차일드(child)와 직장인을 의미하는 샐러리맨(salaryman)의 합성어다. 즉 입사 후에도 회사나 개인의 문제를 스스로 해결하지 못하고 부모에게 의존하는 사람들을 말한다.

다음의 사례를 보자. 50대 중반인 자영 씨는 아들을 정말 귀하게 키웠다. 어릴 때부터 하나에서 열까지 자식에게 모든 것을 다 해주었다. 고등학교 때도 오로지 공부만 하라며 심부름과 방청소는 물론, 설거지 한 번 시켜보지 않았다.

아들은 곱게 자라 대학을 졸업했고, 이후 기업 면접을 앞두고, 자영 씨는 아들이 면접 때 입을 양복과 와이셔츠, 넥타이 그리고 구두까지 골라주었다. 자영 씨의 아들은 그동안 해 온 대로 엄마가 정해 준 옷을 고스란히 차려입고 면접에 임했다.

자영 씨는 발 빠르게 면접 준비도 해주었다. 인사팀에 전화해 "우리 아이가 지원하려고 하는데 무엇을 준비해야 하느냐" "어떤 점을 중점적으로 준비해야 하느냐" "합격자 토익 평균이 몇 점이냐" 등의 채용 관련 정보를 물어보았다. 하지만 결과는 불합격.

자영 씨는 다시금 전화해 '떨어진 이유를 알 수 있는지' '다음에 붙으려면 무엇을 보완해야 하는지' 등을 조목조목 물어보며 대응책을 마련했다. 자영 씨의 노력 덕분인지 아들은 몇 번의 면접 끝에 원하던 헬스케어 직종에 합격을 했다. 취업까지 성공했으니 이제 자영 씨의 역할이 끝난 것일까?

아직 마음을 놓기엔 이르다. 아들이 회사에 잘 적응할 수 있을지, 회사 업무는 힘들지 않을지 노심초사했고, 아들은 6개월간의 현장 근무를 견디지 못하고 회사를 그만두었다. 아들이 다니던 회사에 사표를 내는 것도 자영 씨 몫이다. "죄송해요. 우리 애가 다음 주부터 못 나갈 것 같아요." 앞으로 얼마나 더 엄마 역할을 해 줘야 할지 걱정이 태산이다.

부모가 자녀의 대리인 역할을 시작하는 시기는 초등학교 저학년 때다. 그렇다면 부모가 초등학생 자녀의 학교 숙제와 활동을 대신 해주는 이유는 무엇일까? 크게 세 가지다.

첫째, 아이가 남들보다 늦되다고 생각해서이다. 다른 아이들보다 글씨를 쓰거나 그림을 그리는 등의 활동이 느리다 보니 선생님께 주의를 듣지 않기 하기 위해서이다.

둘째, 아이가 실패하는 것이 싫어서다. 어린 아이가 좌절을 경험하는 것을 보기가 안쓰러워서 대신 해 주는 것이다.

셋째, 부모의 기대만큼 잘하지 못해서다. 아이가 숙제를 깔끔하게 잘 못하는 것 같아 성적이 뒤처질까봐 대신 해주는 것이다.

169

아이가 어릴 때 순수한 의도로 부모가 대신 해 준 숙제와 활동이 성인이 되어서도 이어지면 어떻게 될까? 자녀가 성인이 된 후에도 결혼, 직장 문제까지 부모가 관리하게 된다. 자녀들 또한 자연스럽게 여기고 순응한다. 부모가 하라는 대로 해서 대학에 합격하고 취직까지 하게 되면 자녀는 더욱 더 스스로 해볼 기회를 잃게 되고 부모에게 의존적이 된다. 의존적인 자녀에게 발생할 수 있는 문제점은 대략 다음과 같다.

1. 자율성을 잃는다.

　　스스로 판단하고 실행해 본 적이 없으므로 혼자서 할 수 있는 것이 없다. 회사에서 업무 관련 의견을 물어도 '~같아요'란 말만 되풀이 하게 된다. 혼자서는 결정을 내려 본 적이 없으므로.

2. 틀리는 것을 두려워한다.

　　부모가 시키는 대로 해서 좋은 대학에 들어갔고, 남들이 좋다고 생각하는 좋은 직장에 들어갔다. 옳다고 생각한 길만 걸어왔기 때문에 틀리는 것에 대해, 실패하는 것에 대해 두려움이 크다. 자신의 실수나 실패를 용납하는 것도 어려워한다.

3. 호기심이 사라진다.

모든 것은 이미 정해져 있고, 주어진 상황대로만 하면 되는데 호기심이 웬 말인가.

4. 내 삶이 내 삶이 아닌 것이 된다.

자신의 판단은 믿을 만하지 않으니 다른 사람의 결정을 따르는 게 낫다고 생각한다. 그러다 보면 삶이 자신의 것처럼 느껴지지 않는다. 스스로 내린 결정을 미숙하다고 생각하며 중요한 순간엔 우유부단해진다. '내가 뭘 원하는지 모르겠어' 하며 차라리 누군가 정해 주길 바란다.

🔗 **새로운 시도를 위한 가이드**

물론 부모의 입장에서는 자녀가 성인이 되어도 '물가에 내놓은 아이처럼' 불안하기만 하다. 하지만 흥하든 망하든 자신의 선택에 책임을 지고 그 결과를 스스로 책임지게 해야 한다. 우리가 언제까지 판단과 결정을 내려줄 수는 없지 않은가. 부모의

171

마음속 '불안'을 들키지 않으면서 새로운 시도를 격려하고 지켜 보자. 부모의 속은 까맣게 타들어 갈지라도 말이다. 자녀가 주 체적으로 홀로 설 수 있도록 훈련하자.

1. 자녀 스스로 원하는 것을 성취할 수 있다고 믿어라.

부모 입장에서는 답답하더라도 재촉하거나 대신 해 주지 말자. 자녀가 혼자서 선택할 수 있는 기회를 주고 진지하 게 생각해보고 계획을 세우라고 말해주어라. "이 문제는 네가 자유롭게 선택할 수 있어. 네가 결정해" "네가 신중히 생각해서 선택한 것이라면 엄마도 좋아" "지금 당장 결정 하지 않아도 돼. 시간을 갖고 고민해도 되는 거니까 천천 히 생각해서 알려줘. 정답이 없으니까 네 마음이 하고 싶 은 대로 하면 돼"라고 말해주자.

2. 선택에는 책임이 따른다.

그렇다고 해서 자녀의 선택을 무조건적으로 이해해주거 나 받아들일 수는 없다. 자신이 해야 할 일에 책임을 저야 한다는 것을 분명하게 알려주어라. 예를 들어 자녀가 가방을 버스에 놓고 내렸다고 하자. 여기에서 중요한 것은 '왜 잃어버렸어? 칠칠치 못하게?'라는 힐책이 아니라 "가방 잃어버리고 나서 어떻게 했는데?"이다. 잃어버린 것에 대한 대처를 어떻게 했는가에 대해 물어보아라. 잃어버리고 나서 아무런 행동을 취하지 않았다면 어떻게 해야 하는지 구체적으로 설명해 주고 그것에 대한 책임을 지지 않으면 안 된다는 것을 정확하게 알려주는 것이 좋다.

3. 스스로 성장할 수 있는 방법을 알려주어라.

대학생이 된 지원 씨는 엄마에게 1천만 원이 든 통장을 받았다. 지원 씨는 엄마가 자신을 위해 쓰라고 준 용돈인 줄 알고 기뻤다. 그러나 기쁨도 잠시. 엄마의 말은 이랬다. "이 돈을 대학 졸업할 때까지 두 배로 불려봐. 그러면 엄마가 2천만 원 더 줄게." 지원 씨는 2천만 원을 더받기 위해 악착같이 두 배로 만들었고, 대학 졸업 후 4천만 원을 종자돈으로 삼아 목돈을 만들었다.

워런 버핏(Warren Buffett)의 부모도 어렸을 적부터 버핏이 스스로 용돈을 벌어 생활하게 했다. 다섯 살의 버핏은 자신의 집 앞에 판매대를 세워 놓고 껌과 레모네이드를 팔았다. 아홉 살 때는 친구와 함께 주유소에 있는 음료수 자판기 옆 쓰레기통을 뒤져 사람들이 가장 좋아하는 음료수를 파악한 후 이를 집중 판매했다. 워런 버핏은 자신의 아들도 똑같은 방식으로 길렀다. 그의 큰아들 하워드 버핏이 기억하는 자신의 어릴 적 1주일 용돈은 78센트다. 현재 가치로 5달러 수준에 불과하다.

자녀에게 무조건적으로 지원하다 보면 당연한 줄 안다. 부모는 먹고 싶어도, 입고 싶어도 참는 걸 모르고 해 달라는 건 다 해줘야 하는 줄 안다. 자녀가 무언가를 갖고 싶다고 하면 "네 용돈 모아서 해라" 혹은 "그 반을 네가 마련해라. 그러면 도와주겠다"라고 말하라. 사회생활에서 갖춰야 할 기본적인 생활태도와 인내심, 협상 스킬을 배우게 된다.

4. 가까운 곳에 있다는 것을 알려주어라.

자녀가 새로운 일을 시작할 때 주저하는 스타일이라면 "겁먹지 말고 그냥 해봐. 하면 돼."라는 말이 통하지 않는다. 어디서부터 어떻게 시작해야 할지 혼란스러워 하는 경우라면 부모가 멘토 역할을 해서 자녀를 가이드할 필요가 있다. 시작을 도와준 후 앞으로는 어떻게 해야 하는지 상세히 설명해 주고 혼자서 해 볼 수 있도록 하자. 또한 자녀에게 필요한 지원이 무엇인지 확인하고, 요청하면 도와줄 수 있는 선에서 도와주자.

"벗어날 수 없는 늪에 빠진 기분, 아시나요?"

🔗 '나는 칭찬에 춤추는 고래가 아니에요'

재철 씨는 딸만 생각하면 미소가 절로 나온다. 공부를 잘해 명문대에서 장학금을 척척 받고, 학교 지원으로 해외 교환 학생도 다녀왔다. 게다가 아내를 닮아 얼굴도 얼마나 예쁜지 모른다. 어디에 내놓아도 빠지지 않는 딸이다. 재철 씨의 딸 자랑은 일가친척이 모이는 명절 때면 극에 달한다. 누가 재철 씨네 사업이 요즘 어렵지 않은지 묻기라도 하면 재철 씨는 적당히 대답하다가 딸 자랑을 시작한다.

"형님, 걱정 마십쇼. 우리 집은 희연이가 있지 않습니까?"

"그래, 희연이는 요즘도 공부 잘하지?"

"그럼요. 이번에도 장학금 받았습니다. 우리 집은 희연이가 기둥이죠."

"하하, 맞다. 희연이 네가 이 집의 희망이다."

친척 어른들은 돌아가며 희연 씨 칭찬을 거들었고 재철 씨는 뿌듯한 기분을 느꼈다. 명절이 끝나고 각자의 집으로 돌아오는 길, 딸이 "나 다음 명절부터는 시골에 안 내려가고 싶어"라고 말했을 때 재철 씨는 의아함을 느꼈다.

"왜?"

"아까 그런 얘기가 좀 불편해서."

"어떤 얘기?"

"내가 우리 집 기둥이라느니 그런 거."

"그게 왜? 다들 네 칭찬만 했는데?"

"병훈이랑 성아도 있는데 내 자랑만 하니까 듣기가 거북해. 작은 아빠는 병훈이랑 성아 자랑 별로 안 하잖아."

"그거야 자랑할 게 별로 없어서 그런 거겠지. 우리 희연이만큼 똑똑하고 착하고 얼굴 예쁘고 모든 걸 다 갖추기가 어디 쉽나."

"엄마 아빠는 친척들한테 얘기할 게 나밖에 없는 거야? 왜 부모가 되면 자식 자랑밖에 안 하는 거지? 그럼 자식 자랑할 것

177

없는 부모는 너무 속상하겠네."

"아빠 나이쯤 되면 다 자식 잘되는 낙으로 사는 거지. 넌 아직 이해가 안 될 거야."

🔗 바람은 더 큰 바람을 낳는다

재철 씨는 언제부터 딸 자랑에 목맨 아빠가 되었을까? 우리는 부모가 되고부터 자식 자랑을 시작된다. 누구나 정도는 다르지만 자식 자랑 안 해본 사람은 없으리라.

아이가 태어나면 뒤집기, 구르기, 걸음마를 빨리 한 것도 자랑거리, 말을 하기 시작하고 한글을 빨리 뗀 것도 자랑거리, 구구단을 외우고 학교에서 상을 많이 받은 것도 자랑거리, 김치 잘 먹는 것도, 공룡 이름 줄줄 외우는 것도, 설거지 한 번 한 것도 자랑거리가 된다.

커서는 어느 대학을 갔고 좋은 직장에 취직해 좋은 집 자제와 결혼 한 것으로 이어진다. 여기서 끝이 아니다. 자식의 재산 증식, 나한테 얼마나 잘 해주는지 말해주는 사례로 이어진 자랑 배틀은 손주가 태어나면 다시금 처음부터 반복된다.

눈에 넣어도 아프지 않을 자식이라고 하니, 자랑스럽지 않은 자식이 어디 있겠는가? 설사 자랑스럽지 않다 하더라도 내 자식이니 품어야 하지 않겠는가.

우리가 말하는 기대란 무엇일까? 기대는 어떠한 일이 있기를 바라거나 어떠한 일이 생길 것이라는 예측을 하거나 어떠한 일이 이뤄지기를 바라는 감정이다. 우리는 부모가 되면서부터 자녀에게 이런 저런 기대를 한다.

어릴 때는 '빨리 엄마, 아빠라고 불렀으면 좋겠네'라는 소박한 기대가 '공부도 잘하고 친구 관계도 좋으면 좋겠네' '좋은 대학 갔으면 좋겠네'라는 것으로 점점 커지게 된다.

여기에서 짚고 넘어갈 것이 있다. 부모의 기대를 이루기 위해 노력하는 주체는 자녀이고, 결과를 내는 것도 자녀라는 점이다. 즉 자녀의 입장에서, 자녀의 눈높이에서 기대를 해야만 좋을 결과를 낼 수 있다. 자녀가 학업에 대한 의지가 없는데, "내가 널 위해서 이렇게 희생하는데 왜 공부를 못하느냐"고 말해봐야 아무 소용이 없다.

그래서 자녀에 대한 기대는, 자녀가 성취 가능하고, 자녀가 받아들일 수 있는 선에서 자율적으로 할 수 있도록 해야 한다. 우리는 사랑이라고 생각하지만 어느새 자녀에게 우리가 이루고 싶은 욕구를 요구하게 된다. 자녀가 말을 잘 들으면 들을수록 더 많이 기대하고 부모 뜻대로 하고 싶어진다. 사랑이라고 시작된 기대가 권유로 바뀌고 결국 요구로 변한다.

우리는 그렇게 못해봐서, 혹은 그렇게 했더니 잘 되어서, 부모와는 다른 삶을 살게 해 주고 싶어서 등등의 이유로 자녀에게 "~하면 어때?"로 권유를 시작한다. 이러한 권유는 사랑하기 때문에 서로 잘 알기 때문에 쉽게 요구로 바뀐다. 이제는 '이렇게 했으면 좋겠다'가 아니라 '당연히 이 정도는 해야 하는 거 아냐?'라는 식으로 요구하기 시작하고 요구대로 따르지 않으면 서운함과 분노가 밀려온다.

🔗 기대에 부응하지 못할 것이라는 두려움

그렇다면 자녀에 대한 기대가 나쁜 점만 있을까? 물론 긍정적인 면도 있다. "넌 할 수 있어" "다음엔 잘 할 거야" "그렇지! 잘하고 있어" "더 좋아질 거야"라는 격려를 해주는 어른이 있다면, 정말 그런 사람이 되기 위해 노력하고 변할 수 있는 동기부여가 생긴다.

중국에서 한 아버지가 아들이 시험에서 100점 만점에 7점을 맞은 것을 기념해 1천 위안(16만 원) 어치의 폭죽을 사서 터뜨리며 축하를 해주었다. 장쑤성 수첸시(江蘇省 宿迁市)의 저우(周) 씨는 11살 아들이 시험마다 0점을 받아오다가 7점을 받자 기쁜 마음에 폭죽을 사서 터뜨리며 축하해준 것이다. 이후 아들은 분발하여 현재 성적이 57점으로 올랐다고 한다.

당신이 만약 저우 씨였다면? 폭죽까지는 아니더라도 아이의 노력을 진심으로 칭찬해주었을까? 바로 답하기 어려운 질문일 것이다. "7점 맞을 수 있는 건데 그동안 왜 열심히 안 한 거야?" "50점 맞으면 참 좋았을 텐데" "짝꿍은 몇 점 맞았니?"라고 말하지는 않았을까.

부모의 기대치가 높을수록 칭찬하는 빈도는 낮아진다. 높은 기대는 그만큼 충족하기가 어렵다. 부모의 기대를 10% 낮추면 그만큼 성취가 쉬워져서 칭찬할 일이 10% 늘어난다. 아이는 칭찬을 받으니 자신감이 높아지고 이 자신감이 시너지 효과를 발휘해 추진력 또한 높아진다. 즉 기대를 낮추면 오히려 성과를 키울 수 있다는 것이다.

하지만 기대의 부작용도 만만치 않다. 인기 드라마 〈SKY 캐슬〉에서는 아버지의 지나친 기대 때문에 하버드대에 입학했다고 거짓말을 한 후 1년간 가짜 학생으로 살다 발각되는 아이까지 등장한다. 입시 경쟁이라는 어른들이 만들어낸 시스템 속에

181

서 아이들은 비극을 맞고 그 아이의 비극은 그 집안의 몰락으로 이어진다.

2015년, 이와 비슷한 사건이 현실에서도 일어났다. 일명 '새라 김 사건'이라고도 불리는 이 사건은 미국에서 과학고를 다니던 한인 김 모 양(영문 이름 새라 김)이 하버드 대학과 스탠퍼드 대학에 둘 다 합격했는데 양쪽 모두가 김 양 같은 인재를 놓치기 싫어해 좋은 기회를 얻어 양쪽 대학을 모두 다닐 수 있게 됐다는 한 매체의 보도에서 시작되었다. 그녀는 한 라디오 방송에 출연해, "페이스북 CEO 마크 주커버그로부터 직접 함께 프로젝트를 진행하자는 제안을 받았다"고 말해 모두를 놀라게 했다. 그러나 이는 모두 거짓말로 밝혀졌다.

자녀의 능력보다 높은 기대는 자녀의 의욕과 자신감을 떨어뜨리고 잦은 마찰과 상호 스트레스, 일탈로 이어진다. 또한 위 사례처럼 거짓말을 할 수도 있다.

왜 이들은 거짓말을 했을까. 자신의 행동을 사실대로 이야기하면 부모님께 혼이 나거나 문제가 될 수 있기 때문이다. 자신의 행동의 결과가 부모에게 용납되지 못할 것이고 분명 혼이 날 것을 알기 때문에 그에 대한 두려움으로 거짓말을 한 것이다.

칭찬을 받고 싶은 마음에서 혹은 부모님의 기대를 저버리지 않기 위해서 거짓말을 하게 된 것이다.

"엄마는 네가 공부 잘 하는 맛에 산다."
"네가 공부를 잘하는 것이 아빠 기 살려주는 일이다."
"우리 딸 1등 하는 게 아빠의 낙이란다."

이러한 부모의 기대를 거꾸로 표현해보자.

"엄마는 네가 공부를 잘 못하니까 죽고 싶어."
"네가 공부도 못하니까 동네 창피해서 못 다니겠어."
"우리 딸이 공부도 못하는데 아빠가 무슨 낙으로 살겠어."

이렇게 된다. 자녀의 성취도로 인해 부모의 삶이 좌지우지된
다는 칭찬은 자녀에게 정신적으로 큰 부담과 압박을 줄 수밖에
없는 것이다. 자녀의 입장에서 성적이 떨어지고, 부모가 원하는
실력에 도달하지 못하면 부모의 사랑을 받지 못할 것이고, 부모
의 기대에 부응하지 못하는 하찮은 자녀가 되어 버리는 것이다.
물론 부모는 그런 의미로 하는 말이 아니다. 하지만 그렇게 자녀
기 느낄 수 있다는 점을 상기하자.

'다음에 시험 못 보면 어떡하지? 아빠가 실망하실 텐데.' 이처럼 가정에서의 지나친 기대는 경쟁을 유발하게 되고 자녀들의 자신감 하락을 가져올 수 있으므로 기대치를 낮추는 것이 필요하다. 또한 부모는 부모의 삶을 살고 자녀는 자녀의 삶을 살면서 자녀의 컨설턴트보다는 코치가 되고 조력자가 되었으면 좋겠다. 그러기 위해 노력해야 할 세 가지를 제시한다.

1. 결과가 아닌 과정을 보라

결과만 보지 말고 과정을 본다. 흔히 '결과가 좋으면 다 좋은 거다' '과정보다는 결과가 중요하다'고들 한다. 결국 결과를 보려고 과정을 거치는 것이니 결과가 중요하다. 하지만 부모가 결과를 가지고 자녀를 판단하게 되면 과정에서의 노력은 모두 허사가 된다. 부모가 자녀에게 과정에서 노력한 것을 가지고 칭찬해주어야 한다.

노력을 했지만 결과가 좋지 않을 때도 많다. 우리도 이제껏 살면서 열심히 했지만 결과가 좋지 않았을 때도 많지 않았는가. 자녀도 마찬가지다. 열심히 했지만 좋지 않은 결과가 나올 때도 있고, 하기 싫어서 안 했을 수도 있다.

"넌 잘 할 수 있는 가능성이 있어. 이 테스트가 전부가 아

184

니잖아. 잊어버리고 다음에 잘하면 되지""이번에는 아깝게 떨어졌지만 시험 볼 때 어떻게 하면 되는지 요령을 배웠잖아. 다음 시험 때는 좀 덜 떨리겠다"라고 말해주자. 다음 기회가 있고 또 도전해 볼 수 있다는 것을, 앞으로 위기가 있을 때 스스로 일어날 수 있는 힘을 심어주자.

2. 자녀에게 최신 트렌드를 배우자

자녀가 어떤 게임을 좋아하는지, 어떤 아이돌이나 연예인을 좋아하는지 아는가? 좋아하는 이유는? 자녀의 관심사에 대해 같이 이야기 나누고 즐겨본 경험이 있다면 당신은 자녀의 눈높이를 맞출 수 있는 부모다. 자녀가 게임을 할 때 "넌 공부는 안 하고 게임만 하고 있어?"라고 하지 말고 옆에 앉아서 무슨 게임을 하는지 들여다보는 수고를 해보자. 게임 규칙과 등급을 올리기 위한 노하우도 물어보라. 이때 어른이 아이에게 물어보는 것처럼 권위적으로 묻지 말고, 학생이 선생님에게 답을 구하는 느낌으로 정말 궁금해하며 물어봐야 한다.

"롤이랑 배그랑 어떤 차이가 있는 거야?""게임 하다가 욕하는 애들 너는 무시하는 편이야?""메이플스토리네. 나도 예전에 했었는데… 요즘엔 레벨 높이려면 어떻게 해야 하니?"

신나서 이야기하지 않는 자녀가 없다. 아이돌, 연예인, 웹툰을 좋아하는 자녀라면 노래나 작품을 찾아보며 이야기를 나누어보자.

"주지훈 작품 중에 어떤 게 좋아? 난 〈암수살인〉 연기 보고 반했잖아!" "블랙핑크는 남자들이 더 좋아하는 줄 알았는데 아닌가봐." "웹툰 요즘 뭐가 인기니? 아빠는 슬램덩크, 열혈강호 같은 만화 열심히 봤었는데…."

자신이 좋아하는 관심사에 흥미를 보이는데 싫어할 사람은 한 사람도 없다. 자녀들과 여러 이야기를 나누며 최신 트렌드에 대한 정보도 얻고 소통할 수 있는 소재도 찾을 수 있다.

저녁식사 시간에도 '나의 버킷리스트 10가지' '가족과 함께 가고 싶은 여행지 찾아보기' 등의 주제로 이야기를 나누고 미래를 그려보는 시간을 가져보자. 아이들이 무엇을 원하는지 알게 된다.

3. 칭찬할 때는 기대를 빼고 말한다

자녀의 성적이 올랐을 때 자녀는 우쭐해지고 부모에게 인정받고 싶어진다. 이때 "넌 역시 최고야" "넌 똑똑하니까 잘 할 줄 알았지"라는 과도한 칭찬도 좋지 않지만 부담을 주는 칭찬도 좋지 않다.

자녀가 더 노력하기를 바라는 마음에서 "수고했다. 하지만 아빠가 원하는 만큼 다다르려면 아직도 멀었어. 더 노력해야 돼."라는 말은 칭찬의 말인지 부담의 말인지 헷갈린다.

깔끔하게 구체적인 행동에 대해 칭찬하자. "수고했어. 성적이 많이 올랐구나. 네가 열심히 해서 좋은 성적이 나오니까 아빠도 오늘 기분이 좋네"라고 반응해도 아빠의 의도가 충분히 전달될 수 있다.

"한 번 말한 거 또 말하게 할래?"

🔗 '내가 왜 소리를 질렀을까…'

어릴 때 부모에게 들었던 말에 상처를 받아놓고 막상 부모가 되면 똑같은 실수를 반복하며 나도 모르게 내 안에서 어릴 적 엄마, 아빠의 모습이 겹쳐서 보여 깜짝 놀라기도 한다. 요즘 엄마들이 많이 겪는 상황을 하나 살펴보자.

공공기관에서 변호사로 일하는 지선 씨는 자신이 아이에게 말로 상처를 준 것 같아서 자책하고 있다. 사건은 일요일 오후에 벌어졌다. 폰이 울려 받아보니 지선 씨 부서에서 작성한 문서에 큰 실수가 있었다. 당장 내일 아침 외부 인사를 모셔놓고 공개해야 하는 자료였다. 지선 씨는 집에서 노트북을 켜고 급한 대로 이메일을 열고 있었다. 그때 아이가 놀아달라며 칭얼댔다.

"엄마 바쁘니까 잠깐 저기 가서 놀아."

하필 남편은 병원에 계신 시아버지를 뵙기 위해 집을 비운 날이었다. 잠시 후 아이가 아이패드를 내밀며 말했다.

"엄마, 나 이거 틀어줘."

"자, 됐지?"

보통 때였으면 아이 혼자 아이패드를 가지고 놀지 못하게 하던 지선 씨였지만 마음이 급해서 유튜브 영상을 대충 틀어줬다. 조금 있다가 아이는 또 지선 씨에게 말을 걸었다.

"엄마, 나 이거 이상하게 됐어. 다시 해줘."

아이는 실수로 화면을 꺼버린 듯했고 지선 씨는 아이에게 간단한 조작법을 알려줬다.

"자, 이렇게 여기를 누르면 돼. 알겠지?"

그러나 아이는 5분도 지나지 않아 지선 씨를 다시 불렀다.

"엄마, 나 이거 또 이래."

"너 바보야? 아까 가르쳐줬잖아, 이렇게 하면 된다고! 아까 엄마가 말할 때 안 들었지? 엄마 바쁜 거 몰라?"

갑자기 버럭 화를 내는 바람에 아이는 '으앙' 하고 울음을 터뜨렸고 지선 씨는 어깨 위에 놓인 짐이 너무 무겁다는 생각이

들었다.

아이를 재우고 혼자서 거실에 앉아 맥주 한 잔 하며 생각해 보니 그동안 아이가 놀아달라고 할 때 지선 씨가 가장 많이 하는 말은 이런 것이었다.

"아까 놀아줬잖아. 엄마 지금 바쁘니까 다음에 놀자."

"다른 애들은 혼자서도 잘만 놀던데, 너는 왜 자꾸 엄마한테 놀아달라고 하는 거니?"

"엄마가 네 친구니? 맨날 같이 놀자고 하게."

그러고 보니 자신은 정말 못난 엄마인 것 같아 화가 나고 우울하기만 하다.

🔗 내 이름은 '려원이 엄마'

지선 씨의 또 다른 스트레스는 회사 내 워킹맘에 대한 인식이다. 지선 씨가 일하는 곳은 남성이 80%인 공공기관으로 대부분이 남자 직원으로 이루어져 있다.

복직 후 옆자리에 앉은 남자 직원이 지선 씨가 실수를 하면 "애 엄마니까"라고 말하며 이해한다는 식의 관대한 표정을 짓는다. 친한 다른 남자 직원은 "려원이 엄마"라며 아이 이름으로 지선 씨를 부르기도 한다.

남자 직원에게 "누구 아빠"라는 말은 안 쓰면서 왜 "누구 엄마"라고 부르는 건지 도통 이해가 되지 않는다. 이런 말을 들으며 점점 위축되어가는 지선 씨는 누구 엄마로 직장에 나와 있는 것이 아니기 때문에 동료들이 호칭부터 파트너로 존중해줬으면 좋겠다는 바람이 있다.

결혼 후 남성이 느끼는 부담은 무엇일까? 가장이 된다는 책임감, 그리고 경제적인 문제에 대한 부담일 것이다. 그렇다면 여성은? 가사와 육아에 대한 부담이 가장 크다. 여성에 대한 인식이 개선되었다고는 하지만 아직도 가사와 육아, 특히 자녀 양육에 있어서는 여성의 역할이 큰 것이 사실이다.

아이를 낳고 기른다는 건 누구나 겪게 되는 일이라 으레 잘해내야 한다고 생각하기 쉬운데, 사실 눈앞에 아이가 떡 하고 나타나면 하나부터 열까지 모르는 것투성이다. 시행착오를 겪는 건 당연한 일이다. 모두들 엄마는 처음이라 서툴고 어렵기만 한 것이다.

특히 일하는 엄마가 집안에서 겪는 가장 큰 어려움은 아이가 생기고 나면 계획대로 하루가 진행되지 않는다는 점이다. 언제나 시간에 쫓기는 워킹맘은 머릿속에 계획표를 짜 놓는다.

'아침에 일어나면 10분 동안 머리를 감고, 수건으로 머리를 둘둘 싸매고는 30분 동안 어제 저녁에 준비해 놓은 재료로 아침밥 준비, 혹은 아이 먹을거리를 준비한다. 20분 동안 화장을 하면서 대충 빵이나 방울토마토 같은 음식으로 아침을 때운다.'

이런 순서를 머릿속에 정해놓고 일어나자마자 바쁘게 움직인다. 하지만 아이가 울거나 보채기 시작하면 이후 모든 계획은 물거품이 된다. 빨리 회사에 출근해야 하는데 엄마 품에서 떨어지지 않으려고 하거나, 열이 나서 아프거나 하면 하늘이 노래진다.

'아 어떻게 하지? 늦는다고 부장님께 말씀드려야 하나?' 머릿속으로 빠르게 계산기를 돌려보지만 답은 나오지 않는다. 그동안 직장에서 인정받는 사람이었는데 왜 이리 육아는 힘들지? 육아와 가사도 직장처럼 잘해내고 싶었는데 이럴 땐 정말 애니메이션 나루토처럼 분신술을 써서 엄마, 아내, 직장인, 가사도우미로 복제인간을 만들고 싶은 마음이 간절하다.

🔗 엄마가 되자 온 세상이 바뀌었다

지선 씨는 그동안 별 탈 없이 살아왔다. 학교 다닐 때나 연애와 결혼, 직장인으로서의 역할 모두 인정받으며 잘 해 왔다. 하지만 엄마가 되고 부터는 모든 것이 완전히 달라졌다. 나의 분신이 생기고 누군가의 엄마가 됐다는 것은 정말로 행복했지만 모든 것을 모성애로 극복하기에는 어려움이 있었다.

공공기관이라 여성에 대한 복지도 잘되어 있어서 비교적 회사 눈치를 보지 않고 1년 동안 육아 휴직을 쓰고 무리 없이 업무에 복귀했지만, 복직 후가 문제였다. 출산 이전처럼 회사에서 인정받고 싶었지만 새로 발령받은 부서의 업무는 새로 배워야 하는 탓에 실수가 많았고 회사의 작은 실수에도 미칠 것처럼 자신이 원망스러웠다.

아이가 또래보다 어른스러운 것도, 과도하게 눈치를 보는 것도, 내 탓인가 싶어 괴로웠다. 지선 씨는 요즘 '남들은 직장일도, 가정일도 잘만 해내는 것 같은데 나만 왜 이러지? 내가 부족한 탓인가? 남편이 많이 안 도와줘서 그런가? 옆집 민이네는 남편이랑 시댁이 육아에 헌신적이던데 나는 시댁과 친정 모두 도와줄 사람도 없고 급할 때 아기 맡길 때도 없으니 너무 답답하다' 등 별의별 생각이 머릿속을 휘감는다.

당신이 운전면허를 딴 순간을 기억하는가? 그 후 직접 운전을 하면서 이찔했던 순간은? 지금은 웃으면서 초보 운전 시절

193

의 실수를 무용담처럼 이야기하지만 돌이켜 생각해보면 정말 가슴이 철렁했던 순간이 많았다. 고속도로에서 진입 금지인 곳으로 들어가서 역주행을 했던 일, 직진하려고 하다가 후진해서 뒷 차와 충돌했던 일, 차를 돌리려고 하다가 방호벽에 앞 범퍼를 긁어버린 일 등 일일이 열거할 수 없을 만큼 크고 작은 일들이 많았다.

초보 시절엔 차를 타면서부터 벌벌 떨었다. '유턴을 해야 하는데 유턴 차선에 못 들어가면 어쩌지?' '좌회전할 때 깜박이는 언제 켜면 좋을까?' '뒷 차가 짜증 안 낼 정도의 속도는 얼마나 될까' 등등 다양한 경우에 대해 걱정하고 우려했다.

하지만 모두 자연스러운 현상이다. 운전을 한 지 얼마나 되었다고 그것을 단번에 잘 해낼 수 있겠는가? 다만 이런 과한 긴장은 자세를 경직시키고 뒷 차의 경적 한 번에도 화들짝 놀라며 과도하게 반응하게 만들었다.

이처럼 처음 운전을 시작할 때는 과도한 긴장과 걱정으로 시간을 보냈지만 점차 경험과 시간이 쌓이면서 이제는 운전을 하면서 전화통화도, 간단한 음식을 먹을 수도, 옆 사람과 수다를 떨 수도 있게 되었다.

초보 워킹맘도 마찬가지다. 과연 아이를 잘 키울 수 있을까?

예전처럼 직장에서 인정받을 수 있을까 하는 우려와 걱정이 공존하지만 시간이 지날수록 환경에 적응하게 된다.

하지만 여기에서 한 가지 인정해야 될 부분이 있다. 방송이나 SNS에 나오는 완벽한 슈퍼우먼은 존재하지 않는다는 것이다. 또한 양쪽 다 완벽하게 하려면 당신은 지쳐서 결국에는 아무것도 제대로 못해낼지 모른다.

나 자신도 완벽하게 꾸미고, 업무도 완벽하게 해내며, 집에 와서 살림도 잘하고, 아이도 완벽하게 케어하는 삶은 현실적으로 불가능하다. 아이가 생기고 나면 내 삶이 사라지고 모든 것이 자녀 위주로 돌아가게 된다. 갑자기 방 한 칸이 아이 물건으로 가득 채워지고, 계획했던 목표와 일정이 틀어질 수밖에 없다.

게다가 워킹맘은 가사, 육아와 더불어 일까지 해야 하니 마음과 몸 어딘가에 구멍이 나게 되어 있다. 이때 혼자서 모든 것을 감당하려고 하지 말고, 진심 어린 조력자를 만드는 것이 좋다. 그래야 사회생활과 육아 두 마리 토끼를 잡을 수 있다.

남편, 친정 엄마, 시댁, 산후조리원 동기들, 육아카페, 동네 친구 등 누군가와 고민을 나누고 도움을 요청하라. 당신을 이해하고 돕는 배우자와 가족, 친구가 생기면 힘이 생기고 몸과 마음

195

의 구멍을 메우는 데 효과적이다.

또한 너무 걱정하지 말기를. 엄마가 되면 누구든 혼란을 겪는다. 강아지와 고양이 같은 반려동물을 키우는 것도 예상과 달라 혼란스러운 것처럼 아무리 머릿속으로 생각을 해보고, 육아 서적을 많이 보았다 하더라도 자녀를 키우는 것은 정말로 어려운 일이다.

이론과 실제는 다르다. 막다른 골목에 다다른 것 같기도 하고, 나를 도와주지 않는 주변 사람이 원망스럽기도 하겠지만 두 가지를 함께하고 있는 것 자체만으로도 충분히 잘 하고 있다고 스스로를 격려하라.

지금은 일과 육아, 양쪽 모두의 균형을 맞추어가는 것이 가장 중요한 일이고, 그것을 해내는 것만으로도 이미 당신은 잘 하고 있는 것이다. 초보 운전의 무용담처럼 초보 워킹맘의 무용담을 빨리 듣게 되기를 응원한다. 당신이 워킹맘이라면 이것만은 기억하라.

🖉 직장과 가정, 둘 중 하나를 선택해야 할까?

일하는 엄마들의 가장 큰 고민은 육아 문제이다. 매일 아침

출근길엔 아이와 전쟁을 치르듯 신경전을 펴야 하고, 일을 하면서도 조급한 마음으로 퇴근 시간을 기다리게 된다.

일하는 엄마에게 아이는 늘 미안한 존재이고, 전통적으로 여성이 자녀를 양육하는 것이 일반적이기 때문에 아이는 엄마가 키워야 한다는 의식이 여전히 많다. 그러다 보니 직장을 가진 많은 여성들이 '일이냐 육아냐' 하는 선택의 기로에 놓이게 되는 경우가 많다. 워킹맘들이 직장에서 흔히 쓰는 말이 있다.

"미안해. 내가 애 엄마라 민폐를 끼치고 있네."

"어휴, 아줌마가 되니까 기억력이 깜빡깜빡해."

그러나 당신이 워킹맘이 되었다면 이미 일과 가정 모두를 선택한 것이다. 두 가지를 5:5로 한다는 마인드로 일과 가정에 임하는 것이 행복의 지름길이다. 다만 5:5로 정확히 나누기는 어려우니 일이 바쁠 때는 일에 더 치중할 수밖에 없고, 자녀가 아프거나 급한 가정사가 생기면 직장과 동료의 배려를 받을 수밖에 없다.

장기적인 관점에서 일과 가정 사이의 균형을 맞추기 위해 노력하라. '나는 왜 둘 다 잘 못 해내는 거지?'가 아닌 '나는 처음이지만 그래도 이 정도면 잘 하고 있어. 앞으론 경험이 쌓여 더 잘하겠지'라고 마음먹고 마음속으로 이렇게 말해보자.

'나는 근무 시간에 업무 밀도를 높여서 열심히 일했어. 이제 할 일을 다했으니 당당하게 퇴근하겠어.'

🔗 '자기 자랑'에 익숙하지 않은 여성들

그동안 전통적으로 한국사회에서 여성에게 '양보와 포기'를 권유해 왔던 것이 사실이다. 조직에서 더 높은 직급으로 올라가고 싶지만 아내, 엄마로서의 의무에 늘 뒷전이 되었고, 아이에게는 늘 미안한 엄마, 주변 사람들에게는 이기적 엄마라는 평가를 받으며 살아왔다.

"난 괜찮아. 난 한 것도 없는데 뭘."
"나보다는 호진 씨가 먼저 진급해야지. 가장이잖아."

이제는 당당히 자신의 역량이나 성과를 이야기하고 회의를 할 때도 구석진 자리에 앉아 '묵언수행'만 하지 말고 자신의 의견을 밝혀라. 또한 상사의 업무 지시에 대해서도 나름대로 해석해 무작정 실행하지 말고, '질문을 통해' 모호한 업무 지시를 정확히 해석한 후 일을 하는 것이 좋다.

미리 머릿속으로 '왜'라는 근본 질문과 '무엇을' '어떻게' 해야 할까에 대한 방법론에 대해 혼자서 질문하고 답하는 습관을 길러두자. 깐깐하게 보일 수 있다고? 업무 처리를 제대로 못한다는 핀잔보다는 낫다. 워킹맘이라 일을 대충한다는 억울한 평가보다는 낫다. 오히려 업무 처리에 있어 정확하고 스마트하다는 평가를 받을 수 있다.

> 상사: 상무님께 제출할 영업 실적 보고서가 필요해. 목요일까지 정리해 갖다 줘.
>
> 나: 실적 보고서는 어떤 용도로 만들면 될까요? (why) 발표용으로 만들까요? 서면 보고용으로 할까요? (how) 목요일에 출근하시면 보실 수 있도록 할까요? 퇴근 전까지만 제출하면 될까요? (when)

업무적으로 성취감을 얻을 수 있도록 열심히 일하라. 자녀가 생기고 나면 예전보다 일에 대한 집중도가 떨어지는 것이 사실이다. 챙겨야 할 부분이 많아지기 때문이다. 하지만 일을 하는 이유는 경제적인 요인도 있지만 '자아성취'의 부분도 있다.

"엄마가 돈 많이 벌어서 우리 려원이 먹을 거 많이 사줄게."
"엄마가 나가서 돈 벌어 와야 려원이 장난감 사줄 수 있지."

이렇게 말하면 나중에 자녀가 커도 엄마는 '우리 가족의 먹거리를 위해 돈을 벌어오는구나'라고 생각할 수 있다. 업무적인 이야기를 아이가 알아들을 수 있도록 쉽게 이야기해줘라. 열심히 일하는 엄마를 자랑스러워하게 된다. 또한 일을 할 때는 일에 집중하고 역량을 계발하라.

"엄마 회사 가서 열심히 일하고 올게."
"엄마가 오늘 일 잘해서 회사에서 칭찬 받았다."

성취감이나 만족감으로 짜릿해지는 순간이 많아질수록 행복

한 마음이 들 것이고, 자녀에게도 일하는 엄마의 행복감을 전해
줄 수 있다.

"대화를 책으로 배웠어요"

𝒪 엄마는 '답정너'

아름 씨는 주말마다 아이를 데리고 전시회와 박물관에 간다. 아이가 어릴 때 간접 경험을 많이 하고 산지식을 쌓아두면 나중에 공부에 도움이 된다는 육아서의 지침에 따른 것이다.

지난주에도 반 고흐의 작품을 보러 전시회에 다녀왔다. 하지만 9살 지우는 반 고흐가 누구인지 도통 관심도 없고 알고 싶지도 않다. 뛰어다닐 수 없는 전시회는 다 똑같고, 관람 시간이 너무도 길기만 하다. '이 시간에 놀이터에 가거나 친구들이랑 축구를 하면 좋을 텐데.' 지우의 속마음이다.

엄마: 지우야, 다 봤잖아. 무슨 느낌이 들었어?

지우: 좋았어요.

엄마: 그게 끝이야? 더 없어?

지우: 네, 그냥 좋았어요.

엄마: 엄마는 너 도움 되라고 일부러 시간 내서 여기까지 온 건데….

엄마는 특히 〈아를의 붉은 포도밭〉이 좋더라고. 그 작품이 고흐

생전에 팔린 유일한 작품이라잖아. 왜 팔렸는지 알 것 같았어.

넌 그 작품 어땠어?

지우: 네, 저도 좋았어요.

엄마: 왜 좋았는데?

지우: 사람들이 많이 나와서 좋았어요.

엄마: 또?

지우: 어….

엄마: 또 뭐가 좋았는데? 엄마는 지우가 이야기 안 해주면 해줄 때까

지 여기에서 기다릴 거야.

지우: 후우, 색깔이 화려해서 좋았어요.

엄마: 또 뭐가 있을까? 한번만 더 생각해보자.

집에 와서도 한바탕 소란이 벌어졌다. 샤워 후 지우가 엄마가

꺼내놓은 파란색 옷을 입지 않고 옷장을 다 헤집은 후에 노란색 옷을 꺼내 입었기 때문이다.

아름 씨는 자신의 말을 따르지 않는 지우 때문에 짜증이 났지만, 책에서 배운 대로 눈을 맞추며, 차분한 어조로, 지우를 앉혀놓고 생각을 물어보았다.

엄마: 지우야 왜 엄마가 입으라는 옷 입지 않고 그 옷 입은 거야?

지우: 그냥이요.

엄마: 그냥? 세상에 당연한 건 없어. 다 이유가 있지. 왜 입은 건데?

지우: 그냥 오늘 노란색이 입고 싶었어요.

엄마: 아, 그렇구나. 또 어떤 이유가 있을까?

지우: 아까 해바라기 그림에도 노란색이 나왔잖아요. 노란색 옷 입고 해바라기 놀이 해보고 싶었어요.

엄마: 아, 그렇구나. 그래도 오늘은 파란색 옷을 입자. 괜찮지?

지우: 노란색 옷 입으면 안 돼요?

엄마: 응, 오늘은 파란색 옷 입는 날이야. 그거 벗고 파란색 옷 입자. 그리고 옷장을 다 헤집어놓은 건 나쁜 일이야. 그건 엄마와의 약속을 어긴 거니까 내일 친구랑 못 놀 거야.

지우는 결국 답답함을 참지 못하고 울음을 터뜨렸다.

🔗 '너만은 최고로 기르고 싶어'

아름 씨는 육아에 관심이 많다. 자신은 부모의 사랑을 많이 받지 못해서 자존감이 낮다고 생각하기 때문에 자신의 아이만큼은 제대로 키워보고 싶었다. 그래서 잘 나가는 육아서적은 다 사서 읽으며 중요한 부분은 형광펜으로 밑줄 치고 포스트잇에 써서 냉장고 앞에 붙여놓기도 한다.

얼마 전 읽은 육아서에서, 자녀와 똑같은 눈높이를 가지고 싶다면 '아이에게 존대를 하라'는 조언을 읽고 아이에게 높임말을 쓰기로 했다. 학습지를 풀 때도 "지우야, 우리 이 문제 같이 풀어볼까요?"라고 하고 밥을 먹을 때면 "지우야, 젓가락은 똑바로 잡아야지요"라고 했다. 그러나 아이는 하루도 지나지 않아 "엄마 그 말투 이상해요. 안 쓰시면 안 돼요?"라고 물었다.

전시회에서의 일도 도통 이해가 되지 않는다. 책에서는 엄마가 '왜'라고 묻고 자녀가 그에 대한 대답을 하는 과정 속에서, 자녀 스스로 자신의 생각을 밝히고 표현할 수 있는 사고력과 언어능력을 갖추게 된다고 했는데, 왜 우리 아이는 대답하기를 싫

205

어하는 건지 알 수가 없다. 생각이 없는 건지, 생각할 힘이 없는 건지, 너무나 고민이 많다.

🔗 답은 책이 아니라 '아이'에게 있다

육아정보를 구하는 출처를 묻는 설문조사 결과에 따르면 육아 정보를 '책과 인터넷에서 구한다'는 답변이 90%로 압도적이었고, '어른이나 주위 사람을 통해 정보를 얻는다'는 응답자는 9%에 불과했다.

아름 씨도 주먹구구식 육아가 아닌 과학적인 육아를 하기 위해 그동안 150권이 넘는 육아서를 읽었다. 하지만 왜 책이나 인터넷에서 본 육아 정보가 지우에게 통하지 않는 건지 지금은 너무나 혼란스럽다.

분명 자신은 부모이고 이 아이는 내 아이지만 이상하게도 '아이를 키우는 일이 편안하지 않고 자연스럽지 않다'고 느꼈다. 부모 역할을 잘 하려고 하는 건데 왜 내 마음대로 안 되는 건지, 배려심 많고 예의 바른 사람으로 자라게 하기 위해서 이렇게 열심히 여러 방법을 총동원하고, 열심히 교육을 하는 건데 알아주지 않는 건지 회의감이 든다.

'왜 이렇게 나를 괴롭히는 거야?'

'그만하고 싶다.'

'난 엄마 체질이 아닌가봐.'

'내가 이렇게까지 한다고 누가 알아주기는 할까?'

'아이가 혹시 날 싫어하는 거 아니야? 내가 부모인데 어떻게 그럴 수 있어?'

오만가지 생각이 아름 씨의 마음을 어지럽게 했다.

예전에 SBS에서 〈우리 아이가 달라졌어요〉라는 프로그램을 방영한 적이 있다. 이 프로그램의 핵심은 '부모가 변해야 아이가 달라진다'였다. 문제 행동을 하는 아이에게는 반드시 그럴 만한 이유가 존재하며 그것이 대부분 부모의 그릇된 양육 태도에서 비롯된다는 것이다. 〈우리 아이가 달라졌어요〉는 결국 '우리 부모님이 달라졌어요'로 부모의 생활습관과 양육 태도, 마음가짐을 바꾸는데 중점을 두었다.

현재 진행되고 있는 〈세상에 나쁜 개는 없다〉의 맥락과 유사하다. 사실은 개가 아니라 주인이 문제인 것처럼 아이가 문제가 아니라 아이를 양육하는 부모가 문제인 것이다. 어떤 부모가 내 아이를 잘 키우고 싶지 않겠는가?

하지만 부모의 열정만으로는 자녀들을 올바르게 잘 키울 수 없다. 중요한 것은 우리 자녀에 맞는 정확한 육아법을 찾는 것이다. 아무리 좋은 육아법이라도 우리 아이의 특성과 환경 등이 고려되지 않으면 전혀 통하지 않는다. 혼란에 빠진 아름 씨에게 몇 가지 해 주고 싶은 말이 있다.

1. 육아서에 나오는 정보는 다 제각각이다.

커피를 좋아하는 사람이라면 알아야 할 뉴스가 있다. '하루에 3잔 이상 마시지 않도록 해야 좋다'는 것이다. 왜냐하면 두세 잔만 마셔도 하루 카페인 권장량을 넘기게 되기 때문이다.

그런데 얼마 후 미국 하버드 대학 공공보건대학원에서 남녀 20여만 명을 대상으로 30년간 추적 분석한 결과가 발표되었다. 하루 3잔에서 5잔의 커피를 마시는 사람은 전혀 마시지 않는 사람보다 3년에서 7년 정도 수명이 긴 것으로 파악됐으며 심장병, 파킨슨병, 성인 당뇨병, 뇌졸중에 따른 사망률이 줄어들고, 자살 가능성도 낮은 것으로 조사됐다는 내용이었다.

당신은 하루에 커피를 몇 잔 마시는 게 건강에 좋은 것 같은가? 답은 당신 마음이다. 육아도 마찬가지다. 당신이 원칙을 세우고, 자녀의 성향과 환경을 고려해서 기본을 지켜야 한다.

이솝우화에 나오는 까마귀 이야기를 기억하는가? 까마귀는 동물의 왕이 되고 싶어서 다른 새들의 깃털을 하나씩 몸에 꽂는다. 까마귀의 화려함에 처음에는 모두들 넋을 놓지만 곧 자신의 깃털이라는 것을 알게 된 새들은 까마귀의 몸에서 깃털을 하나씩 뽑아 가고 결국 까마귀는 초라한 상태로 내몰린다.

육아서에서 읽은 온갖 정보들을 짜깁기하다 보면 나의 자녀가 다른 새의 깃털을 꽂은 까마귀가 된다. 점점 방향을 알 수 없게 되고 어떻게 해야 할지 혼란스럽기만 하다.

우선 남편과 아내가 교육에 대해 이야기를 나누자. 어떠한 부모가 되고 싶은지, 우리 아이의 성향은 어떤지, 어떻게 키워야 할지 의논하고 방향을 잡자. 그래야 부모도 자녀도 흔들리지 않고 정보의 홍수에 빠지지 않을 수 있다.

그 후 자녀에게도 물어보라. "지우는 엄마가 어떤 엄마가 되면 좋을 것 같아?" 그러면 "내 말 잘 들어주고 잘 놀아주는 엄마" "'안 돼'라는 말을 안 하는 엄마" "맛있는 것을 많이 해주는 엄마" "같이 인형놀이, 팽이놀이를 해주는 엄마"
등 다양한 요구가 나올 것이다. 우선 자녀가 원하는 부모
가 되어보면서 그 안에서 같이 방향을 잡아가라.

2. 훈육보다 애정이 먼저다.

자녀의 훈육과 자녀와의 관계는 항상 '공감'이 우선 되어
야 한다. 원칙을 가지고 목표점에 조금 더 유연하게 갈수
있게 옆에서 공감과 사랑으로 훈육하고 지도하는 게 부모
의 역할이다.

훈육은 중요하지만 애정이 쌓인 다음에 해야 통한다. 무턱
대고 버릇만 고친다고 해서 잘못만 지적하면 자녀는 부모
를 두려움의 대상으로 여기게 된다. 잘못하면 부모와 자녀
사이가 더 나빠지는 역효과를 가져올 수 있다.

아이들은 자신을 사랑해주고 예뻐해 주는 사람에게 신뢰
를 잃고 싶지 않은 본능이 있어서 안정된 애정 관계가 쌓
인 상대가 훈육을 하면 효과가 높아진다. 아이에겐 선생님
이 아닌 엄마가 필요하다.

3. 때론 져주기도 한다.

　육아는 감성적이며 본능적인 것이다. 계산기를 두드리듯이 딱딱 정답이 나오는 것이 아니다. 자녀가 노력한 기색이 보이면 그 대답이 가상해서라도 져주는 쪽으로 가라. 질문을 하되 너무 힘들어 보이면 멈추기도 하고 어느 날은 무조건 타당한 이유 없이도 그냥 해주기도 해라.

　"오늘 지우가 스머프 게임 또 이겼네. 역시 엄마는 주사위 게임 못하나 봐." "지우가 노란색 옷을 입고 싶었구나. 그럼 입자. 다음에는 옷 꺼내기 전에 엄마에게 미리 말해줘." 이렇게 말해보자.

　설사 머리로 이해할 수 없더라도 자녀의 의견과 감정에 공감해줘라. 자신의 편에게도 공감을 얻지 못하고 이성적으로만 대응하면 자녀는 정서적인 결핍을 느낄 수 있다.

4. '왜'보다는 '무엇'이라는 단어를 쓰자.

　자녀들에게 하지 말아야 할 언어가 바로 '왜'라는 단어다. 심리학자들은 말한다. 아이에게 가급적 왜 라는 단어를 사용하지 말라고. '왜?'가 들어간 질문 속에는 알게 모르게 '사실은 그렇게 되길 원치 않는다'는 부정적인 정서가 함축된 경우가 많기 때문이다.

실제로 '왜'라는 단어에는 '추궁당하는 느낌' '상대방이 원하는 대답을 해줘야 할 것 같은 느낌' '그렇게 되길 원치 않는다는 느낌'이 포함된 경우가 매우 많다. 쉽게 말하면 '왜=답정너(답은 정해져 있고 너는 내가 원하는 대답만 하면 돼!)'가 되는 셈이다.

"너는 이게 왜 좋아?" 이렇게 묻는다면 과연 그것이 왜 좋은지 순수하게 그 이유를 묻는 느낌만 전해질까? '왜 그걸 좋아하는 건데?'라는 부정적 정서도 함께 전달될 수 있다. '왜'라는 말 대신 "지우는 무엇이 좋을까?" "어떻게 하면 좋을 것 같아?"라고 묻는 것도 방법이다.

초보 부모가 저지르는 흔한 실수는 '아이를 어떻게 다루느냐', 즉 자녀를 키우는 방법에만 관심을 기울인다는 점이다. 육아에 있어 가장 중요한 것은 육아 방법이 아니라 육아 태도다.

많은 부모가 조기 교육에 너무 집중한 나머지 자녀의 성향을 파악하지 못한 채 무조건적으로 지식을 채우려고만 한다. 아이는 나의 소유물이 아니다. 자녀를 바라보는 우리의 시각과 태도에 대해 다시 한 번 심사숙고해보자.

212

3

그런 게 아닌데,
내 마음은
그런 게 아닌데

"'네'와 '넹'과 '넵'은 달라요"

🔗 **말보다 카톡이 익숙한 세대**

가족보다 더 오래 보는 사이. 가족만큼이나 나에게 큰 영향을 주는 사이. 바로 직장 동료다. 매일 마주해야 하면서도 피할 수 없는 관계이기에 이들과의 대화는 하루의 활력소가 되기도 하고 스트레스 원인이 되기도 한다. 특히 직장 내 문화가 바뀌며 세대 간, 직급 간 갈등이 심화되는 모습을 종종 발견할 수 있다.

메신저 문화만 해도 그렇다. 당신은 메신저를 할 때 '네'와 '넹' 그리고 '넵'을 구별해서 사용하는가? 직장인 사이에서 '네'는 너무 딱딱하고 '넹'은 너무 장난스러워서 결국 '넵'을 애용하게 된다는 식의 농담이 돌고 있다. 짧은 대답 한 글자에서도 뉘앙스를 느낄 수 있을 만큼, 대다수 직장인이 메신저와 텍스트를 통해 커뮤니케이션하고 있다는 뜻이다.

40대 중반인 경일 씨는 유명한 대형 병원에서 근무한다. 병원에서 사용하는 업무용 PC 메신저 프로그램이 정해져 있지만 젊은 직원들끼리는 '카톡'을 더 자주 쓴다. 그런데 경일 씨는 20대 직원들과 카톡할 때마다 조금 당혹스럽다.

> 팀원1: 팀장님~ 1안이랑 2안 중에 어떤 걸로 진행할까요?
>
> 경일: 1안이 낫겠네요.
>
> 팀원1: (답장 없음)

또 다른 상황.

> 팀원2: 팀장님
>
> 팀원2: 어제 말씀드린 일정표 문제요
>
> 팀원2: 제가 다시 정리해봤는데
>
> 팀원2: 보내드려 볼게요.
>
> 팀원2: 일정표.txt

이번에는 팀원3과의 대화다.

경일: 다음부터는 실수하지 않도록 업무에 신경 씁시다.

팀원3: 네(눈물 이모티콘) 죄송해요(대성통곡 이모티콘) 잘하겠습니다
　　　(방긋방긋 이모티콘)

용건이 끝나자 답장 없이 사라지는 팀원1, 카톡 알람을 1초에 한 번씩 울리게 하는 팀원2, 온갖 이모티콘을 줄줄이 나열하는 팀원3. 모두 경일의 기준에서는 거슬리지만 뭐라고 지적하자니 '꼰대'가 되는 것 같아 속을 끓이고 있다.

🔗 '문자로 하는 대화'의 장단점

커뮤니케이션하면 무엇이 떠오르는지? 가장 먼저 대면을 들 수 있다. 대면의 장점은 상대방과 얼굴을 보면서 대화를 나누기 때문에 상대방의 생각과 의도를 쉽게 파악할 수 있지만 따로 시간을 내야 하고 상대에게 에너지를 집중해야 한다는 어려움도 있다.

전화도 전통적인 소통 도구다. 대면에 비해 시간과 에너지를

덜 사용하면서 상대방과 의견을 나눌 수 있어 편리하다. 반면 상대방의 얼굴을 직접 볼 수 없어 내용 파악에 한계가 있을 수 있다.

조직 내 소통 도구는 사내 메신저와 이메일이 있다. 사내 메신저는 조직도를 통해 업무 관련자를 빠르게 찾을 수 있고 개인 사생활과도 분리가 명확하다. 반면 외부 협력업체나 바이어 등과 소통은 별개로 해야 한다. 이메일은 여러 대상에게 메시지를 전달할 수 있고 기록을 남길 수 있다는 장점이 있지만 빠른 의사전달이 필요할 때는 부적절하다.

카카오톡 같은 메신저는 어떠한가. 누구나 쉽게 보낼 수 있고, 음성 입력도 가능하다. 영상통화 및 메시지, 각종 이모티콘 등을 통해 과거 PC를 통해 할 수 있던 채팅 수준까지 발전했다. 결국 음성과 문자 모두를 대체할 수 있게 되었다.

와이즈앱의 조사에 따르면 2018년 2분기 기준 국내 월간 활성 이용자는 4천 357만 명으로 전국 인구가 약 5천 180만 명임을 고려하면 전체 인구의 약 84%에 달하는 수치가 카카오톡을 사용하고 있다고 한다.

그러다 보니 사내 메신저를 카카오톡으로 채택하고 활용하는 기업이 늘어나기 시작했다. 군이 메일을 보내지 않아도 단순한 지시 같은 경우는 상사가 부하 직원에게 파일과 내용을 동시에 카카오톡으로 전송하면 그걸로 충분했다.

이렇듯 카카오톡으로 인해 조직 내 업무 대화의 접근성이 높아졌다고 볼 수 있다. 문서, 영상 등 정보를 쉽게 공유할 수 있고, 대면, 통화보다 부담이 덜하며 스마트폰 사용자에게 빠르고 익숙한 방식이라 사용이 편리하다.

하지만 빛이 있으면 그림자도 있는 법. 직장과 가정의 구분이 흐려지고, 하루 종일 메신저에 신경 써야 한다는 단점도 존재한다. 이로 인해 '퇴근 후 카톡 금지법'이 발의된 적도 있을 정도다. 요즘에는 회사 내부 자료 유출의 문제점도 자주 보도되고 있다. 게다가 메신저 문화의 발달로 '콜 포비아'가 늘어나고 있다는 것도 생각해 볼 대목이다.

콜 포비아(call phobia)는 쉽게 말하면 전화 공포증, 혹은 전화 울렁증이다. 전화를 뜻하는 '콜(call)'과 공포증을 뜻하는 '포비아(phobia)'의 합성어인 이 증상은 단순히 전화를 기피하는 것뿐 아니라 전화가 오거나 통화 전 필요 이상으로 긴장하는 현상을 말한다. 심한 경우 전화가 와도 일부러 받지 않는 사람들도 있을 정도다.

이는 특히 20~30대에 크게 나타나 여론조사 ARS에 응답하는 20~30대는 1% 안팎으로 휴대폰에 낯선 번호가 뜨면 울렁증이 생겨 받지 않는다는 것이다. 천천히 소통할 수 있는 문자보다 즉각 응대해야 하는 전화를 낯설어하는 것이다.

문자와 톡만 하다가 부득이하게 전화를 할 때는 통화 전부터 머릿속이 복잡해진다는 전화 울렁증. 전화로 말하는 것 자체가 부담스럽고 직접 눈을 맞추고 대화하는 경험들이 현저히 떨어져서 더 계발이 안 되는 그런 측면이 있는 것 같아 씁쓸하기도 하다. 업무 대부분을 대면보다 톡으로 주고받는 조직이 많아지다 보니 창의적이고 좋은 아이디어가 나올까 하는 우려도 있다.

'매너가 사람을 만든다.' 영화 〈킹스맨〉의 명대사이기도 하지만 직장 생활에서도 너무나 중요한 한 마디로 작용한다. 직장 내 메신저로 소통하는 경우가 많아지면서 이제는 '사내 카톡 매너'도 챙겨야 할 필수 요건이 되었다.

특히 카카오톡은 직장 상사와 대화할 때 딱히 지켜야 할 예절이 정해져 있지 않고 문자기호(ㅋㅋ, ㅎㅎ, ㅠㅠ)나 이모티콘(^^, ㅡㅡ;)의 해석이 사람마다 달라 괜한 오해를 살 수 있기 때문에 사회 초년생에게는 큰 고민거리다. 업무 카톡 시, 결례를 범하고 싶지 않다면 아래의 몇 가지 에티켓을 잊지 말자.

1. 이른 아침과 늦은 밤 카톡을 삼가자.

가장 좋은 방법은 업무 시간에만 메시지를 보내는 것이다. 하지만 종종 연락해야 할 일이 생긴다. 이때 오전 8시 이전, 오후 8시 이후에는 삼가는 것이 좋다. 식사 시간 전후로 개인의 생활을 존중해 주는 것이다.

급하게 처리해야 할 업무가 있다면 전화를 하거나, 상사라면 "지금 전화 드려도 되겠습니까?"라는 메시지를 보내 준비할 시간을 주고 전화를 하는 것도 방법이다. 급한 업무가 아니라면 이메일을 활용하라.

2. 문자기호와 이모티콘은 상황에 맞게.

상사와 메시지를 나누는 과정에서 문자기호와 이모티콘을 사용하는 것이 좋을까? 안 좋을까? 정답은 없다. 상사가 쓰면 같이 쓰고, 안 쓰면 안 쓰는 것이 가장 무난한 방법이다.

또한 상황에 따라 적절히 활용한다. 예를 들어 "오늘 고생했어"라는 상사의 메시지에 "네"라고 단답형으로 보내면 너무 딱딱해 보일 수 있으니 "네 감사합니다. 선임님 덕분에 잘 끝났습니다"라든가 "네^^(미소)"와 같은 이모티콘을 사용할 수 있다.

문자기호나 이모티콘은 단답형으로 끝내기 멋쩍을 때 가볍게 사용하면 좋다. 하지만 업무와 관련된 얘기를 할 때는 'ㅋㅋ'나 'ㅎㅎ'와 같은 문자기호나 이모티콘 사용은 진중하지 못한 인상을 전할 수 있으니 맥락을 봐가며 사용하자.

3. 맞춤법, 띄어쓰기에 유의하자.

오타와 띄어쓰기, 맞춤법에 유의하자. 오타는 성급하거나 무성의한 인상을 주고, 맞춤법이 틀리면 전문적인 이미지를 떨어뜨린다. 얼마 전 직장 선배에게 '신경 써주셔서 감사합니다'를 '신경 꺼 주셔서 감사합니다'로 메시지를 잘못 보내 크게 당황한 적이 있었다. 맞춤법, 띄어쓰기가 안 된 메시지는 상대방에게 잘못된 정보를 전달하거나 불쾌감을 줄 수 있다. 특히, 업무 커뮤니케이션은 정확한 의사 전달을 위해 이 부분을 더욱 신경 써야 한다.

4. 읽고 난 뒤 답장은 필수.

카톡의 읽음 확인 기능 때문에 상사와 카톡하기가 꺼려진다는 사람들도 있다. 카톡을 읽고 난 후 '읽씹(읽고 씹기)'하지 않도록 주의해야 한다. 분명 '1'이 지워졌는데 상대가 답을 안하면 마음이 불편하고, 오랜 시간 '1'이 계속 남아있어도 상대가 일부러 읽지 않는다고 생각할 수 있기 때문에 괜한 오해를 살 수 있다. 읽고 난 후 간단하게라도 답글을 보내는 것이 좋다.

5. 단톡방에서 개인적인 이야기는 피할 것.

그룹 전체에 해당되지 않는 게시물, 질문 및 답변은 개별적으로 해야 전체에게 소음이 되지 않는다. 나와 관계없는 이야기로 인한 단톡방 알림소리와 읽어야하는 불편함을 느끼는 이도 있다.

또한 일상적인 답변(좋아요. 네 등)은 사안에 따라 적절하게 참여할 수 있다. '남들이 보내는데 나만 안 보내도 괜찮을까?'라는 부담감을 버리고 게시자도 답변이 없다고 서운해 하지 않도록 한다. 다만 질문이나 의견 제시에 아무런 반응이 없으면 건조한 단톡방이 될 수 있으니 누군가는 적절히 나서서 답글을 게시하는 것이 좋다.

6. 카카오톡은 사적인 공간? 공적인 공간?

카톡 프로필과 대화명을 공적인 공간으로 생각하는가? 사적인 공간으로 생각하는가? 사적인 매체로 시작한 카톡이 직장 내 메신저로까지 자리 잡으면서 공적인 요소가 생겨났다고 볼 수 있다. 공적인 영역으로 생각하는 사람들은 온라인상에서도 카톡 프로필 사진과 대화명을 바꾸면서 끊임없이 관리한다. 사적인 영역으로 생각하는 사람들은 친한 사람끼리 주고받는 사적인 매체로 생각한다.

여기에서 생각해 볼 점은 카톡 프로필과 대화명에 신경 쓰는 상사들도 있다는 것이다. '쓸쓸하다'는 대화명을 보고 "남자친구랑 헤어졌냐?"라고 묻는 부장님도 계시고, 사원이 카톡 대화명에 '떠나고 싶다, 난 누구, 넌 어디'라고 게시했다가 팀장에게 불려가 면담을 한 적도 있었다는 이야기를 들었다. 개인공간에 무슨 말을 하든 개인 자유라고 생각할 수 있지만, 이제 카톡은 온 국민이 사용하는 국민 메신저가 되었다. 회사 내에서 카톡을 메신저로 사용한다면 프로필과 대화명에도 유의하자.

"너 그 남친 아직도 만나?"

🔗 발 넓고 정 많은 '홍보팀 홍 반장'

홍보팀 민정 씨는 정이 많다는 평을 자주 듣는다. 누군가 난처한 일을 겪고 있으면 재빨리 나서서 거들기를 좋아해 '홍보팀 홍 반장'이라는 별명도 달고 있다.

몇 개월 전, 부서별 공간을 재배치하며 홍보팀 옆으로 디자인팀이 이동해왔다. 디자인팀에는 민정 씨보다 다섯 살 어린 윤지 씨가 있었다. 윤지 씨는 회사에서 남자 친구 이야기를 자주 꺼낸다. 주로 자랑이기는 하지만 가끔 싸우는 날에는 그것까지 실시간 중계하는 바람에 디자인팀 식구라면 윤지 씨의 연애사를 훤히 꿰고 있다.

홍보팀과 디자인팀의 책상이 가까워지며 민정 씨와 윤지 씨도 급격히 가까워졌다. 마침 고향이 같은 두 사람은 언니 동생 하며 붙어 다녔다.

윤지: 이번에 남자 친구가 이직 성공했다며 지갑을 사주지 뭐예요.

민정: 그래? 어디로 옮겼는데?

윤지: ○○기획이요. 어쨌든 그 지갑 구하려고 남자 친구가 백화점
     에서….

민정: ○○기획? 거기 작은 데잖아? 지난번에도 별 볼 일 없는 회사
     아니었어?

윤지: 네?

민정: 윤지 씨 정도면 더 괜찮은 남자 만나야지. 윤지 씨가 워낙 친동
     생 같다 보니 아까워서 그래.

이날 이후로 윤지 씨는 민정 씨에게 거리를 두기 시작했다. 민정 씨는 "가족처럼 생각하고 진심으로 걱정해서 한 말이었는데, 차라리 하지 말았어야 좋았을까요?"라고 물었다.

직장은 백화점과 비슷하다. 다양한 성격과 취향을 가진 사람들의 집합체다. 내가 좋다고 생각하는 것을 누군가는 싫어할 수도 있고, 누군가는 이상하다고 생각할 수 있다. 결국 '모두가 다름'을 이해하고 다른 이들과 나 사이에 적당한 거리를 유지하는 것이 필요하다.

하지만 적정 거리를 잘 유지하는 사람은 한 손에 꼽을 정도로 드물다. 우리는 자주 다른 사람의 영역에 끼어들어 참견하고 통제하고 판결을 내리려고 한다. 그러다가 '도가 지나침'을 깨닫고 반성하는 사람도 있고, 습관처럼 나오는 말로 본인은 까맣게 모르는 동안 상대방이 먼저 마음의 문을 닫는 경우도 흔히 발생한다.

민정 씨와 같은 스타일의 사람들이 자주 하는 말이 '우리가 남이가' '우리는 가족이다'라는 말이다. '가족'이란 단어를 강조하면서 직장 동료의 스타일, 취향부터 연애사와 성격, 가족관계 등 사생활과 관련한 모든 것에 관심을 보인다. '가족끼리 비밀이 어디 있나'라며 모든 것을 알고 싶어 한다. 이들은 이렇게 이야기한다. "사회생활을 몇 년이라도 더 했으니 이것저것 더 챙겨주고 싶은 건데 왜 제 마음을 몰라줄까요?"라고.

이번에는 윤지 씨 이야기를 잠깐 해 보자. 영국 수상을 지낸 마거릿 대처(Margaret Thatcher)가 이런 말을 했다. "만약 사람들에게 '나는 이런 권력이 있다'고 말해야 하는 처지라면 당신은 진짜 권력을 갖고 있는 게 아니다"라고. 부자들이 자신의 부를 과시하지 않듯이 내가 가진 것이 당당하면 굳이 입으로 길게 말할 필요가 없다. 나의 행동에서 무의식적으로 드러나게 되어 있다. 직장은 '자랑질'을 하러 오는 곳이 아니다. 사적인 이야기는 사적인 모임에서 눈치 봐가며 하는 걸로.

🔗 "We're a team, not a family"

냉정하게 들릴지 모르겠지만 직장 동료는 가족이 아니다. 가족은 집에 있다. 링크트인 창업자 리드 호프먼(Reid Hoffman)은 이렇게 말했다. "가족 같은 회사는 없다"고. 비디오 스트리밍 서비스의 선두 기업인 넷플릭스도 '우리는 팀이지, 가족이 아니다(We're a team, not a family)'고 분명하게 밝히고 있다.

직장은 수익을 창출하고 공동의 목표와 이익을 위해 모인 곳이다. 직장에서는 가급적 일에 관련된 말만 하고 회식 자리에서는 서로의 수고를 격려하고, 맛있게 먹고 마시고 깔끔하다.

물론 직장에 민정 씨 같은 사람이 많으면 다정하고 따스하게 느껴질 수 있다. 이들은 정도 많고 에너지가 넘쳐서 조직에 활력을 줄 수 있다. 또한 남들은 쉽게 지나칠 만한 것도 꼼꼼하게 챙기고 미리 조언해 실수를 예방하기도 한다.

하지만 내가 선의로 한 조언이라도 상대방은 기분 나쁘게 받아들일 수 있다. 또 가까운 사이일수록 지켜야 할 선이 있다. 참견과 오지랖은 타인의 선택과 결정을 근원적으로 빼앗아가는 행동이 될 수 있으니 주의하자. 다음 대화는 지나친 친절은 오히려 독이라는 것을 보여주는 예다.

1단계: 참견병

A: 채현 씨, 아이는 언제쯤 가질 거야?

B: 아, 네. 봐서요.

A: 결혼했으면 무조건 애는 낳아야지. 한 명? 두 명? 몇 명 생각하고 있어?

B: 아, 아직 구체적인 계획은 없어요.

A: 요즘 사람들 애를 안 낳아서 문제라니까. 젊은 사람들이 애를 낳아야 우리나라가 발전해요.

B: 아, 네. 천천히 생각해보려고요.

A: 이왕 낳을 거면 일찍 낳아야 해. 산모가 늙으면 애도 고생한다고. 나도 애를 늦게 나서….

굳이 필요한 얘기도 아니고, 다른 사람 듣기에 민망할 수도 있는 이야기를 혼자 신나서 계속 이어나간다. 상대방을 위해서 하는 말이라고 생각하지만 정작 상대방은 그 사람의 관심이 전혀 고맙지 않고 듣는 순간 얼굴이 화끈거린다.

가족 같다는 핑계로 만나자 마자 "오늘 얼굴이 왜 그래? 무슨 일 있어?" "머리 염색 좀 하지, 나이 들어 보이잖아?" "머리숱이 너무 많다. 숱 좀 치지, 얼굴이 더 커보이네" 등의 상대에게 상처가 되는 말들을 아무렇지 않게 내뱉으며 개인의 영역을 침범한다.

생각 없이 편하게 내뱉은 말이 듣는 이의 마음에 상처를 입힐 수 있다. 무심코 던진 돌에 개구리가 맞아 죽을 수 있으니 참견은 이제 그만.

2단계: 통제병

A: 친구가 자기가 다니는 회사에 오라고 해서 갈까 생각 중이에요.

B: 갑자기 친구랑?

A: 네 대학 친군데, 같이 일하면 좋을 것 같아서요.

B: 도연 씨, 나도 친구랑 일해 봤지만 진짜 별로예요. 친구일 때랑 회
　사 동료일 때랑은 관계가 달라져요. 분명 사이가 나빠질 거예요.

A: 에이 설마요! 그 친구랑 몇 년을 봐왔는데요.

B: 아니라니까요. 내가 다 경험해봐서 하는 말인데. 분명 친구랑 관계
　도 깨지고 회사도 나오게 된다니까요. 두고 봐요. 안 그러면 내 손
　에 장을 지진다.

A: 아니 뭐 그렇게까지….

　이제 참견과 간섭을 넘어 다른 사람을 통제하려는 욕구가 수
면 위로 드러난 것이다. 스스로는 애정과 관심이라고 믿지만,
'자신의 말이 옳다'는 생각으로 상대를 특정 방향으로 유도하고
조종하려고 한다.

　예를 들면 대개 이런 표현이 많다. '내가 척보면 안다니까?'
'내가 직장 생활 오래해서 너보다 잘 알아.' '주변 사람들한테 물
어봐라 다 내가 맞다고 할 걸?' 이렇게 상대보다 우위에 있다는
것을 은연중에 내포하면서 '내가 너를 이만큼 아끼고 챙겨서 하
는 말이니 내 말을 따라야 해'라는 의도가 무의식적으로 표현
되는 것이다.

얼마 전 친한 선후배와 저녁을 먹었던 우정 씨. 같이 갈비를 먹고 후식 냉면을 시켰다. 고명으로 얹어져 나온 오이를 보고 "저는 오이를 못 먹어요"라고 하자, 모두들 한 마디씩 거들었다. "맛있는 걸 왜 못 먹어?" "편식하면 안 되는데?" 대부분 유난을 떤다는 반응이었다.

'오이를 싫어하는 사람들의 모임(오싫모)'라는 말을 들어본 적이 있는지. 이 SNS 페이지는 10만 팔로워를 돌파한 상태며, 회원들은 오이 트라우마에 대한 경험과 각종 오이 패러디를 올리며 끈끈한 공감대를 형성하고 있다. 그들이 싫어하는 것은 '오이'가 아니라 오이 취식에 대한 선택권을 무시하는 사람들이라고 말한다. 이들은 음식에 대한 호불호를 갖는 것은 개인의 선택과 취향인데, 개인 취향을 존중하지 않는 분위기를 만드는 사회 구조에 맞서겠다는 것이다.

🔗 열 명의 사람에게는 열 가지 취향이 있다

고대 이스라엘의 재판 기구에는 '산헤드린'이 있었다. 판관들이 만장일치로 정한 안건은 결정을 미루거나 무효 처리 했다. 반대 의견이 있어야 판결이 유효했다. 모두 같은 생각을 하는 건

다 그릇된 판단을 하거나, 아무도 바른말 하지 않아서라고 여겼다. 당신이 오지랖이 넓은 편이라면 우선 모두의 생각이 다름을 인정하라. 다른 사람의 취향과 선택을 존중하라.

또한 함부로 조언하지 말라. 좋고 나쁨을 섣불리 말하지 말고 상대가 원할 때만 당신의 의견을 제시하라. 당신이 말끝마다 조언하려고 끼어들면 상대방은 제대로 말을 끝맺을 수 없다. '이러이러한 방법을 써봐라' 라며 올바른 해결책을 찾고 모든 것을 제대로 고치려는 당신의 욕구는 상대방을 오히려 무시하고 공감의 접점을 없어지게 하는 원인이 된다. 어느새 당신 곁에는 아무도 없게 될 수도 있다.

"오늘도 내 마음이 산산조각 났다"

🔗 직장인이라면 한 번씩 앓는 병

유순한 성격에 상사의 지시를 잘 따르는 미영 씨는 항상 '네네' 하는 스타일이다. 그런데 그가 요즘 이건 아니다 싶을 때가 많아졌다. 매번 누군가를 제물로 삼아 험담하던 팀장이 이번에는 미영 씨의 외모에 대해 사사건건 트집을 잡게 된 것이다.

그것도 팀원들 앞에서 "쟤는 살이 너무 많이 쪘다니까, 저 살 좀 봐봐" 하다가 급기야 "쟤는 옷 벗으면 아마 다 살 일거야"란 말을 서슴지 않고 해버렸다. 미영 씨는 너무 황당해서 "팀장님 저 옷 벗은 거 보셨어요? 도대체 왜 그러세요?"라고 소리를 질렀지만 분통이 터져 견딜 수가 없었다.

미영 씨를 보기만 하면 살 빼라는 팀장님 때문에 노이로제 걸릴 지경이 된 요즘, 불안하고 일도 손에 안 잡히고 현실도피하고 싶은 생각 밖에 없다. 미영 씨가 병원에 간다면 의사는 진단할 것이다. '상사병'으로.

"예? 사랑에 빠진 건가요?"
"아뇨 직장 상사가 주는 병. 상사병입니다."

양경수 작가의 《실어증입니다, 일하기싫어증》에 나오는 이야기 중 한 장면이다.

회사 생활 중 직장인들이 가장 상처 받았던 순간은 언제일까? 잡코리아의 조사에 따르면 '상사와 동료들로부터 인신공격을 받았을 때'가 1위로 나타났다. 본인만 제외된 연봉 인상이나 뒷담화보다도 인신공격이 더 큰 마음의 상처로 남는 것이다.

특히 여성 직장인이 남성 직장인보다 인신공격으로 인한 상처가 더 크다고 응답했는데 이는 여성은 따뜻해야 하고 부드러워야 한다는 사회 통념상 인신공격을 당해도 무기력하게 대응해왔던 것이 아닐까, 여성이 남성보다 분노를 잘 분출하지 못하는 사회 구조의 문제가 아닐까 잠시 생각해보았다.

그럼 인신공격은 뭘까? 외모, 얼굴, 스타일, 취향, 개인사, 숨기고 싶은 결점 등 남의 신상에 관한 일을 끄집어내서 말하는 것이다. 다음의 사례를 보면 이해가 쉽다.

🔗 인신공격1: 외모 평가

늘 허허실실, '좋은 게 좋은 거야'라고 웃는 오 과장은 여태 몰랐다. 자신의 별명이 '짠내남'이라는 것을. 그것도, 결혼 전에는 옷도 잘 입고 외모에 신경을 많이 썼는데, 결혼 후에는 아내가 안 챙겨주는지 '옷 입는 모습이 엉망이다' '혼자 살 때보다 더 불쌍해 보인다' 는 등의 온갖 터무니없는 뒷말과 함께 말이다.

오 과장이 결혼 후 외모에 신경을 덜 쓴 것은 사실이다. 결혼 후 천안에서 이천으로 출퇴근을 하다 보니 점점 편한 옷을 찾게 되었고 왕복 4시간의 출퇴근 시간에 지치기도 했다. 하지만 트레이닝복을 입고 출근한 것도 아닌데 오늘은 부장이 사람들 앞에서 큰 소리로 "결혼하더니 외모에 너무 신경 안 쓰는 거 아냐? 가족이 제대로 안 챙겨주냐?"는 식의 면박을 주어 큰 충격을 받았다.

"아르바이트생 한 명 뽑아 쓰는 게 훨씬 낫겠다! 이렇게 멍청한데 학교는 어떻게 졸업했냐?"

진호 씨가 보고서를 제출하자 앞에 앉은 과장이 쏘아붙였다. 과장은 보고서는 제대로 읽지도 않은 채 "도대체 회사 생활 몇 년인데 이따위로 일을 해!"고 질책했다. 아무리 원인 제공을 했더라도 정확한 문제점을 지적하지 않고 자신의 가치 자체를 부정하는 것이 말이 되냐며 그날 저녁 진호 씨는 상사를 안주 삼아 폭음을 했다.

한편 건설회사에 다니는 임 과장은 얼마 전 이혼하면서 다른 현장으로 근무지를 변경하게 되었다. 같이 일하게 된 부장님과 면담하는 자리에서 "성격이 까칠한가 봐. 이혼한 거 보면. 우리는 성격 원만한 사람이랑 일했으면 좋겠는데"라고 말하는 것을 듣고 열심히 일하고 싶은 의지가 사라져 버렸다.

이렇듯 인신공격은 업무에서 생긴 실수나 문제점에 대한 지적이 아니라 얼굴이나 외모, 개인 신상에 대한 부분을 비난하는 것이다. 한 번 생각해보자. 사람에 대한 무시, 공격, 비난의 말이 하루아침에 완성될 수 있을까?

인신공격을 하는 사람은 일상의 행동과 말에서 다른 사람을 낮추고 힐난하는 경우가 많다. 다른 사람들의 사소한 결점과 특징을 웃음의 소재로 삼는 것이다. 외모에서 따온 '땅콩' '호빗족' '아기돼지' '진격의 거인'등의 별명은 듣는 입장에서는 썩 유쾌하지 않다. 그런데 그런 별명을 부르면서 즐거워한다.

친근감의 표시로 사용한다고 하지만 이런 것이 쌓이면 인신 공격의 요소가 될 수 있다. 다른 사람을 개그의 소재로 활용해 낮춤으로써 자신이 올라간다고 생각하는 경향이 있는 것이다.

또 청개구리처럼 반대로 말해 다른 사람의 화를 북돋는다. 가령 일을 빨리 끝낸 동료에게 "쟤 왜 저렇게 일을 빨리 해? 미친 거 아냐?"라고 말하고, 일 처리 속도가 느린 후배에게는 "굼벵이 아냐? 일을 왜 이렇게 늦게 하는 거야?"라는 식으로 말함으로써 상대방을 언짢게 만든다. 일의 속도에 대한 칭찬이나 지적이 있으면 그 부분만 언급하면 될 텐데 말이다. 이런 표현은 '생각 없이' 머릿속에서 나오는 대로 말하는 습관이기도 하다.

🔗 지적을 전혀 하지 않는 상사가 좋은 상사?

물론 충고와 지적은 반드시 필요하다. 논에 미꾸라지를 키울 때 한쪽 논에는 미꾸라지를 넣고 다른 한쪽에는 미꾸라지와 함께 메기를 넣어 키우면 어떻게 될까? 메기를 넣어 키운 쪽 논의 미꾸라지들이 훨씬 더 통통하게 살이 쪄 있었다고 한다. 그 미꾸라지들은 메기에게 잡혀 먹히지 않으려고 항상 긴장한 상태에서 활발히 움직였기 때문에 더 많이 먹어야 했고 그 결과 더 튼튼해질 수밖에 없었던 것이다.

조직도 다르지 않다. 항상 적절한 긴장과 자극, 위기의식이 있어야 변화에 적응하는 능력이 생기고 치열한 경쟁에서도 뒤지지 않고 성장할 수 있다.

또한 상사의 입장에서는 열심히 일하지 않는 직원이 얄미울 수도, 몇 번 알려줘도 똑같은 실수를 반복하는 후배가 못 미더울 수도 있다. 그러다 보니 서운한 감정이 언어로 표출될 수 있다. 팀장은 팀장대로 과장은 과장대로, 사원은 사원대로 다 저마다 역할이 있고 일을 못하면 잘못한 부분은 수정하고 문제점은 지적해야 발전할 수 있는 것이다.

좋은 게 좋은 거라고 좋은 소리만 하고, 싫은 소리 안하는 것이 인간미라고 생각해서는 안 된다. 후배가 잘하든 잘못하든 그냥 내버려두는 것은 그릇됨을 방조하는 것이며 조직에 대한 책임을 회피하는 행동이다.

여기에서 중요한 것은 꾸짖는 행동이다. 신입사원은 사실 상사를 의지하고 싶어 하며 상사의 능숙한 일 처리 방식을 배우고 싶어 한다. 자신도 상사 못지않은 유능한 능력을 갖추고 싶은 것이다. 하지만 상사가 일 자체의 잘잘못을 따지지 않고 개인적 약점이나 태도를 끄집어내어 인격적 모독을 주면 과연 따르고 싶은 이가 몇 명이나 될까?

게다가 인신공격을 하는 상사들은 사안의 심각성을 잘 모르는 경우가 많다. 첫째 자신이 남에게 얼마나 스트레스를 주고 있는지에 대해서는 눈곱만큼도 생각하지 못한다. 만약 그가 자신과 똑같은 사람과 직장생활을 해야 한다면, 하루 종일 퇴사꿈나무의 꿈을 안고 살아갈 것이다.

둘째 자신은 뒤끝이 없는 성격이기 때문에 사람들이 자신의 성격을 좋아할 거라고 착각한다는 것이다. 마음에 안 드는 부분이 있으면 그 자리에서 따끔하게 쏘아붙이고 끝나기 때문에 자신의 성격을 깔끔하다고 생각하는 경우가 많다. 상대의 가슴에 비수를 꽂고는 '다 자네를 위해서 하는 소리'라는 택도 없는 말을 늘어놓는다. 이건 두 번 죽이는 행위다.

지적과 인신공격을 어떻게 구분할 수 있을까? 지적과 인신공격의 공통점은 듣는 즉시 기분이 나쁘다는 것이다. 차이점은, 지적은 차분하게 생각해보면 내가 고쳐야 할 부분이 있다는 것을 알게 된다는 점이고 인신공격은 차분하게 생각할수록 더욱 화가 나고 굴욕감이 느껴진다는 것이다.

"이런 실력으로 학교는 어떻게 졸업한 거야?"

"네가 알아서 할 생각하지 말고 사소한 것까지 뭐든 다 물어봐서 확인 받고 해."

"너한테 맡기면 믿음이 안 가. 제대로 하는 게 없다니까."

이렇게 무시하는 말을 들었다고 보자. 상사가 원하는 방향으로 절대 바꾸고 싶은 마음이 생기지 않는다. 바람이 나그네의 옷을 벗기지 못한 것처럼 오히려 마음의 빗장을 더욱 더 걸어 잠그고 상사와 대화를 피하게 될 것이다. 상사라면 직원들의 특성을 고려해서 개성과 능력이 다른 그들이 조직 안에서 멋진 조화를 만들어낼 수 있도록 노력해야 한다.

그렇다면 부하 직원이 일을 잘 못했을 경우 충고나 조언을 하고 싶다면 어떻게 해야 할까?

1. 해당 당사자의 성격이나 태도가 아닌 행동에 초점을 맞춰야 한다.

특히 무엇보다 사실(fact)에 근거하여 평가를 해야 한다. 그래야 부하로 하여금 '내가 잘못한 부분이 있고 그 사실만 지적을 받으면 충분히 받아들일 수 있다'라는 최소한의 믿음을 갖게 된다.

"자넨 항상 일처리가 늦지. 도대체 제대로 하는 거 뭔가?"가 아닌 "기한이 넘었는데 어떻게 돼 가? 너무 늦어지면 다른 사람에게 피해를 주게 돼"라는 식으로 말하는 것이 좋다.

2. 상대방이 알 수 있도록 확실하게 지적한다.

공격적인 표현은 상대의 감정을 상하게 만들어 원하는 결과를 얻기 어렵다. "이런 것도 못해?"보다는 "이 부분은 어떤 것이 잘못되었다고 생각하나?"가 좋다. "금붕어야? 어제 말해줬는데 또 까먹은 거야?"보다는 "메모할 준비 됐나? 메모해서 다음번엔 제대로 했으면 좋겠네"라고 하자. 또한 "제대로 할 줄 아는 게 뭐예요?" 같은 말은 피하고 "내 말이 이해 안 되면 넘어가지 말고 그 자리에서 다시 물어보세요"라고 지적해보자.

3. 올바른 방향이나 대안을 제시한다.

"비판이나 비난, 불평만 하는 것은 어떤 바보라도 할 수 있고, 대다수의 바보가 그렇게 한다"고 벤자민 프랭클린은 말한 바 있다. 가능하다면 건설적인 제언이나 대안을 제시해주는 것이 좋다.

"너한테 맡기면 믿음이 안 가"라는 말을 하고 싶다면 "이런 부분을 보완한다면 훨씬 더 좋아질 거야"라는 식으로 말해보자. 세상에 완벽한 사람도 없고 단점으로만 가득 찬 사람도 없다. 조금 부족해 보이더라도 믿고, 그 사람 고유의 장점을 보려 한다면 부하 직원들도 더욱 열심히 일하지 않을까.

4. 사후 관리에 신경 쓴다.

당신이 상사라면 생산성과 효율성 등 업무 성과를 높이기 위해 지적을 했을 것이다. 원하는 결과를 얻고 싶다면 부하를 지적한 이후 구체적인 실행 지침을 준다. 일정한 가이드라인을 정하고 그 범위 안에서 일할 수 있도록 만들어 주어야 한다. 피해야 할 일, 해서는 안 될 일, 업무 처리 방식 등을 미리 말해 준다.

또한 필요한 자원을 제공하겠다는 약속 실천과 함께 성과 측정 및 보상에 대해서 이야기하는 것도 좋다. 잘못한 부분에 대해서 꾸짖는 것도 중요하지만 적절한 보상이 없으면 부하는 쉽게 좌절하고 업무에 대한 열정이 사라지게 된다. 부하 직원의 잘하는 점을 찾아 더욱 잘하게 만드는 것. 그것이 바로 영리한 상사다.

"어딘가에서 내 이야기를
하고 있을 너에게"

🔗 낮말은 새가 듣고 밤말은 쥐가 듣는다

광고회사에서 카피라이터로 일하는 지원 씨는 최근 사무실에서 가시방석에 앉아 있다. 친하게 지내던 선배를 흉보다 딱 걸렸기 때문이다. 선배는 자신에게 배신감을 느끼는 듯했다. 사건은 정말 우연히 벌어졌다. 지원 씨의 선배는 광고 시안을 확인하기 위해 디자인팀을 찾아갔다. 디자이너와 함께 컴퓨터 모니터를 들여다보던 중 갑자기 메신저가 깜박거렸다.

카톡. '선배가 자꾸 다른 팀 업무를 다 끌고 와.' 카톡. '회사에서 혼자 착한 척하는 것도 아니고…. 짜증나.' 카톡. '실은 처음부터 선배 인상도 마음에 안 들었어.'

지원 씨가 디자이너에게 보낸 개인 메시지였다. 디자이너가 황급히 메신저 창을 껐지만 이미 돌이킬 수 없었다. 한 시간 후 선배는 지원 씨를 따로 불러냈다.

선배: 너 내 욕하고 다니니?

지원: 네?

지원 씨는 영문을 몰라 아무 말도 하지 못했고 자초지종을 듣고 난 후 어쩔 줄 모르는 표정이 되었다.

지원: 아뇨, 선배. 그게 아니고….

선배: 그럼 뭔데?

지원: 뭔가 오해하신 것 같은데요. 저는 그런 뜻으로 말하려던 게 아니라….

선배: 지금 잘못한 게 없다는 거니?

지원: ….

247

2018년 워킹맘인 A씨가 회사 동료들을 고소한 일이 있었다. 한솥밥을 먹던 동료들이 A씨가 "아들의 아빠를 밝히려고 유전자 검사를 했다"는 뒷담화를 퍼뜨렸고 소문이 사실처럼 번져 A씨가 직장 내에서 얼굴을 들고 다니지 못할 정도가 되었던 것이다.

이처럼 엄청난 파장을 불러올 수 있는 뒷담화. 당신은 뒷담화로부터 자유로울 수 있는가? '뒷담화'는 뒤에서 서로 말을 주고받는 행위를 말한다. 여러 사람이 모인 자리에서 대화 자리에 없는 특정인에 대한 험담을 누구나 경험해 보았을 것이다.

이렇듯 뒷담화는 인류의 시작과 동시에 존재해왔다. 기원전 1550년경, 어느 한 노예가 그의 주인에 대한 험담이 주민들 사이에 퍼지고 있음을 주인에게 알려주면서 이에 대한 방지책을 제안했다는 내용이 이집트 상형문자에서 발견될 정도라고 한다. 우리나라 속담에도 '나라님도 없는 자리에서는 욕도 하는 법'이라는 말도 있는 것을 보면 사람 사는 곳에서는 부정적인 소문이나 험담은 피할 수 없는 현상인 것도 같다.

한 취업 포털사이트가 20대부터 40대 이상 남녀 직장인 1천23명을 대상으로 '직장인 뒷담화 풍속도'를 조사하였다. 그 결과

34.2%는 하루 평균 30분 정도, 26.1%는 30분~1시간, 18.5%는 1~2시간 정도 뒷담화를 나눈다고 답변하였다. 뒷담화를 전혀 하지 않는 사람은 12%뿐이었다.

이 수치는 작정하고 하는 뒷담화로 통상적 수다나 채팅은 제외한 것이다. 직업 면에서 보자면 생산기술직보다는 사무관리직이, 남자보다는 여자가 조금 시간이 길었으나, 연령에 따른 차이는 거의 없었다.

뒷담화의 주된 대상은 1위 답답하고 짜증나는 조직문화, 2위 문제 상사, 3위 속 썩이는 동료나 후배였다. 뒷담화를 나눈 뒤에 하는 생각으로는 '위로가 된다(30.7%)' '허무하다(28%)' '더 짜증난다(23.4%)' '후련하다(9.6%)' 등이었다.

𝒪 남 이야기로 '스트레스'를 푸는 사람들

사람들은 왜 남 이야기를 할까? 우선 뒷담화를 통해 '감정을 분출하고 스트레스를 해소'하고 싶은 것이다. 상사의 성격이나 일처리 방식 등 업무면에서 스트레스를 받는 상황이 발생하게 되지만 여러 가지 이유로 자유로운 의사소통이 잘 안 되다 보니 스트레스가 쌓이고 뒷담화로 풀려는 경향이 생긴다. '임금님 귀는 당나귀 귀' 우화에서 보듯 말 못하는 스트레스가 어마어마하기 때문이다. 주로 이런 식이다.

"아이디어 내라고 해서 냈는데 반응도 없고, 별로라고 생각하면 코멘트라도 해주던가 아니면 아닌 이유를 논리적으로 설명해 주던가 그게 준비한 사람에 대한 예의 아닌가. 그리고 일 시켜서 그 일 하고 있는데 그거 접고 다른 일을 시키면 그동안 똥개 훈련시킨 거야? 뭐야? 나의 노력이 헛수고와 물거품처럼 사라질 때 막 화가 난다니까."

"우리 팀에 대리랑 과장이랑 새로 들어왔는데 다 성격 파탄자라 내가 얼마나 힘든지 몰라. 자기 맘대로 안 풀리면 직원들에게 화내고 쓸모없는 면담만 해. 또 과장은 예정에도 없는 회식을 갑자기 잡고 참석 못한다니까 막 짜증내고."

"윗사람들 파벌 싸움 때문에 일을 두 번씩 하게 된다니까. 본부장이 거래처 갔다 오라고 해서 다녀왔더니 이사가 일도 많은데 하필 바쁜 시기에 거래처 다녀왔냐고 뭐라고 하더라고. 본부장 시킨 대로 하면 이사가 싫어하고 이사한테 맞추면 본부장이 이사 말만 잘 듣느냐고 비아냥되고. 자기네 파벌싸움에 왜 내가 희생양이 되어야 하는지 모르겠어."

🔗 '너는 내 편이지?'

두 번째로 '정서적 지지와 친밀감 형성'을 위해서 뒷담화를 한다고 할 수 있다. "이 과장님 편애가 너무 심한 거 아냐? 일을 공평하게 줘야지 우리한테만 이렇게 몰아준다는 게 말이 돼? 소희 씨는 이 과장님을 어떻게 생각해요?"라며 누군가로부터 자신이 힘들거나 억울한 일을 당했을 때, 정서적 지지와 동의를 얻기 위해 남 이야기를 한다는 것이다.

특히 사무·관리·영업직 같은 경우에는 팀제로 운영되다 보니 조직문화나 직장 상사 때문에 스트레스를 받는 일이 많고, 이때 상황을 아는 동료나 후배에게 위로 받기를 원한다. 연인과 이별 후 새로운 사람을 만나 위로받는 것처럼, 조직 내에서도 사람 때문에 힘들어진 감정을 다스리기 위해서 또 다른 누군가에게 위로를 받고 싶은 것이 인간의 본능이기 때문이다.

또한 특정 대상에 대한 비판을 함께 하면서 친목과 단합을 유지하려는 인간 본연의 모습이 발현되는 것일 수도 있다. '우리끼리만 알고 있는 비밀'이라는 명목 아래 누군가에 대한 부정적인 정보를 나누게 되면서 내 편이라는 느낌이 들게 된다.

일본의 심리학자 시부야 쇼조(渋谷昌三)는 "험담이나 소문을 말하기 좋아하는 사람은 자기가 칭찬받고 싶은 사람"이라고 분석한 바 있다. 필자는 이 말에 크게 동감한다.

점심시간마다 같은 병원에 근무하는 동료들의 부정적인 가십뿐만 아니라 다른 병원 사람들의 연애사와 술버릇까지 늘어놓는 의사가 있었다. 가십거리는 밥 먹을 때나 술 먹을 때 좋은 소재가 되니 식사 때마다 그를 찾는 선배가 많았고, 그러한 인기를 누리기 위해 더욱 뒷조사에 매진하던 그를 보면서 열등감의 뿌리는 어디일까에 대해 생각해본 적이 있었다. 어찌 보면 자신이 직장 동료나 상사보다 우위에 있다는 걸 인정받고 싶은 욕구에 빠져, 다른 이들을 시기하고 견제하고 깎아내리는 일에 집중하게 된 것이 아닐까.

🔗 당당하게 험담할 수 있는 방법 5

자, 이제 다시 지원 씨 이야기로 돌아가자. 성격이나 업무적인 면에서 맞지 않는 상사를 만나 스트레스를 받다 보면 감정해소를 위해 뒤에서 험담과 비난을 하게 될 때도 있다. 또 참다보면 화병이 되기 때문에 적절한 배출이 필요하다. '원래 그러려니, 내가 참아야지' 하는 것도 한계가 있기 때문이다. 이런 답답한 마음을 어떻게 해결하면 좋을까? 지원 씨에게 알려주고 싶은 몇 가지 방법을 소개한다.

1. '뒷담화' 말고 '앞담화'

이야기가 통하는 상대라면 솔직하게 이야기하라. 원인이 있으면 해결 방법도 있는 법이다. 터놓고 이야기하면서 묶인 매듭을 푸는 것이다.

뒷담화는 스트레스는 풀 수 있지만 문제를 해결해주지 못한다. 그렇다고 부당하고 불합리한 일을 무조건 속으로 삼키기만 할 수도 없다. 대안이 있는 비판, 합리적인 근거가 있는 비판은 필요하다. 갈등이 드러나는 것은 조직 내의 문제를 고칠 중요한 기회가 되므로 조직의 성장을 위해서도 바람직하다고 볼 수 있다.

이때 중요한 것은 따로 자리를 마련하는 것이다. 커피타임을 갖거나 식사를 청해 현재의 상황에 대한 자신의 입장과 어려움을 털어놓는 것이 좋다. 다른 동료들이 보는 자리에서 제기하게 되면 상사는 자신의 권위를 무너뜨린다는 생각이 들 수 있다. 감정이 상하면 합리적인 생각을 할 수 없기 때문에 감정적인 대응을 불러 올 수 있다.

2. 감정 해소가 아닌 문제 해결에 집중하라.

상사와 대화를 나눌 용기가 나지 않는다면 스스로 문제해결에 대한 실마리를 고민해 보는 것도 좋다. '나에게만 왜 이렇게 일이 많이 배정된 거지?' '나에게 물어보지도 않고 왜 화부터 낸 거지?' 보다는 '어떻게 해결할 수 있을까?' '앞으로 이런 일이 생기면 어떻게 대처하면 좋을까' 등 해결책을 모색하는 쪽으로 초점을 바꾸어 보는 것이다.

3. 불만과 인신공격을 구분하라.

"착한 척을 한다" "인상도 마음에 안 들었다"는 업무와 상관없는 인신공격형 말이다. 지원 씨가 말실수를 한 것이다. 사안에만 집중하라. 우리들은 종종 이런 실수를 저지른다.

20대가 인생에 대해 논하면 "어린애가 뭘 안다고 잘난 체야. 살아보기나 했어?"라는 핀잔이 쏟아지고 여성이 병역 문제를 거론하면 "군대도 안 갔다 왔으면서 뭘 안다고?", 남성이 출산에 대해 언급하면 "애도 안 낳아봤으면서 어떻게 알아?"라며 조소를 보낸다. 그 사람이 한 말이나 행동에 대해 의견을 제시하는 것이 아니라 말하는 사람에 대한 비난을 늘어놓는 것이다.

말하는 사람에 대해 부정적인 인식을 갖게 되면 문제해결에 대한 논의가 불가능하다. 그렇게 되면 첨예한 감정 싸움으로 이어질 수밖에 없다.

4. 제대로 사과하라.

잘못한 일에 대해서는 "잘못했습니다. 다음부터 조심하겠습니다" 하고 진심으로 사과하라. 구구절절 자신의 잘못에 대해 변명을 늘어놓거나 대충 넘어가려고 하거나 회피하려고 하는 행동은 어른스럽지 못하다. 스스로의 행동에 대해 책임을 지고 빠른 시간 내에 진심으로 사과한다.

"선배님 죄송합니다. 제가 생각이 짧았습니다. 어려운 부분이 있으면 말씀드렸어야 했는데 그러지 못해 정말 죄송합니다."

이렇게 정중한 사과를 한 후 앞으로 그런 일이 발생하지 않도록 약속을 드리고 지키기 위해 노력한다. 종교 지도자 스티브 레더(Steve Leder)는 초등학교 2학년 수업에 들어가 이렇게 말했다.

"너희는 아직 초등학생이고 대입 시험을 보려면 멀었지만 가장 어려운 말을 이미 알고 있지. '미안해'와 '용서해줘' 란다."

5. 사내에서는 뒷담화를 자제한다.

만약 같은 처지에 놓인 동료에게 고충을 토로하고 싶다면 비밀 유지에 신경 써야 한다. '낮말은 새가 듣고 밤말은 쥐가 듣는다'고 하지 않았는가. 세상에 영원한 비밀이 없다. 뒷담화를 했던 화살이 언제 어디서 나를 향해 올지 모른다.

나이가 먹으면서 점점 뒷담화를 많이 하게 되는 것 같다. 그만큼 아는 것도 많아지고, 안 좋은 경우를 많이 봤기 때문이다. 하지만 험담하는 사람과 같이 있으려는 사람은 많지 않다. 처음에는 재미와 정보를 얻을 수 있다는 생각에 주변에 사람이 많지만 점점 소문이 퍼져나가면서 사람들도 떠나고, 회사 내에서 이미지가 나빠지거나 상대로부터 미움을 사서 회사 생활이 어려워질 수도 있다.

부정적인 소문은 긍정적인 소문보다 4배 이상 빨리 퍼진다. 사내 동료라면 앞으로 회사를 그만두고 나서도 연락할 수 있는 정도의 친분을 가진 사람, 가족처럼 당신 편에 서줄 수 있는 사람, 비밀을 지켜줄 사람, 신뢰할 수 있는 사람에게 불만을 이야기하는 것을 권한다.

또한 뒷담화를 옮기지 않도록 조심하라. 말이란 민들레 홀씨와 같아서 한 번 입 밖으로 나가면 이 곳 저 곳을 떠돌다가 제자리에 돌아와 당사자 귀에 들어가게 된다.

직장에서 박쥐 같이 이 사람에게는 저 사람, 저 사람에게는 이 사람 얘기를 하는 이들이 있다. 결국 진실은 밝혀지고 '그 사람은 믿지 말라'는 말을 듣게 될 수 있다. 이렇게 되면 평판에 금이 가게 된다. 뒷담화를 즐겨하는 사람과 가깝게 지내다 보면 본인도 뒷담화 즐기는 사람으로 오해받을 수 있다는 사실도 잊지 말기를.

세상에는 여러 유형의 사람들이 살고 있다. 너무 딱 맞는 상사나 동료만 만나면 앞으로 사회생활하기 힘들지도 모른다. 그러니 선을 넘지 않고 적당하게 말하는 것을 조절할 수 있는 현명함이 필요하다.

한국은 땅이 좁아서, 같은 계통에서 일하는 사람과 한 두 단계만 거치면 바로 알 수 있다. 누군가를 승진시켜주거나 올려주기는 어렵지만 밟는 것은 상사라면 누구나 할 수 있다. 다른 사람의 자존심을 건드리거나 지켜야 할 비밀까지 누설한다면 일하는 계통에서 매장당할 수 있으니 조심하자. 자나 깨나 입조심.

"네, 무엇이든 '예스'입니다"

🔗 인간 자동응답기

직장인 1년차였던 제승 씨는 직장에서 예스맨으로 통했다. 남들이 힘들다, 귀찮다며 꺼리는 업무도 늘 괜찮다며 예스, 업무분장이 정확하지 않은 단순 업무도 예스, 일요일 등산모임도 예스, 뭐든지 거절하지 못하고 예스였다.

동료들은 '호인'이라며 치켜세웠지만 제승 씨의 속은 까맣게 타들어갔다. 막상 처리해야 할 일이 있는데도 불구하고 동료나 상사가 부탁을 하면 차마 거절을 못해서 계속적으로 새로운 업무를 떠맡다 보니 책상 위에는 늘 일거리들로 가득했기 때문이다.

또 정작 본인은 마감 기한이 촉박한 여러 업무를 동시에 진행하고 있을 때나, 혹은 너무나 방대해서 혼자 처리하기 힘든 업무를 수행할 때조차도 다른 사람에게 도와달라고 말하지 못해 쩔쩔매며 당황하곤 했다. 이런 일이 반복되니 오히려 동료들은 도와줘도 고마운 줄 모르고 부탁한 일을 왜 빨리 안 해주냐며 재촉하는 상황까지 이르렀다.

한편 인테리어 설계회사에 다니는 정혜연 팀장은 얼마 전 술자리에서 후배들의 원망 섞인 소리를 들었다. "팀장님이 바뀌신 뒤로 일이 더 많아졌어요" "야근이 늘었어요"라는 하소연이 대부분이었다.

최근 클라이언트가 예정에 없던 설계 변경을 요청해 와 팀 전원이 3일 동안 야근해야 했다. 그 와중에 신규 프로젝트 검토 업무를 받아 온 정 팀장.

"업무가 많아서 지금 당장은 어렵겠습니다."
"예정에 없던 변경이니 시간을 좀 더 주셔야겠습니다."

이 한 마디가 정 팀장에게는 너무 힘들다. 속으로는 '그건 어렵겠는데요'가 입안에서 맴돌지만 일이 맡겨지면 거절하지 못한다. '나는 왜 이럴까. 안 되면 안 되겠다는 말을, 왜 못할까' 라는 후회와 함께 '내가 그렇지 뭐'라는 자책의 반복이 이어진다.

𝒮 자기 의견 없는 무조건적 수용

예스맨의 개념에 대해 두 가지로 나눌 수 있다. 우선 부정의 '노(no)'의 반대말로 쓰이는 긍정의 '예스(yes)'다. 짐 캐리(Jim Carrey) 주연의 〈예스맨〉이라는 영화가 있다. 매사에 '노'라는 말을 입에 달고 사는 매우 부정적인 대출회사 상담 직원 칼 알렌(짐 캐리)이 친구의 권유로 '인생역전 자립프로그램'에 가입하면서 그의 인생이 180도 뒤바뀐다는 스토리다. '긍정적인 사고가 행운을 부른다'는 프로그램 규칙에 따라 모든 일에 '예스'라고 대답하기로 결심하고 '뭐든지 할 수 있다'는 자세로 임하는 칼의 도전이 흥미롭다.

영화에서의 '예스'는 자신과 타인에 대한 인식, 그리고 세상에 대한 태도에 대한 것이다. 부정적인 사람은 '노', 즉 '안 돼. 안 될 거야'라는 시선으로 살아가는 경우가 많은데 이를 긍정적인 '예스'인 '그래, 할 수 있어. 잘 될 거야'로 바꿔 보자는 것이다.

261

다른 하나는 조직 내에서 상사, 회사의 방침에 무조건 순응하며 '예'라고 하는 사람을 예스맨이라고 한다. 상사에게 반론을 하지 않고 자신의 의견은 침묵하며 충실하게 예스만 외치는 것이다. 이들은 거절을 잘 못하고 상사에게 다른 의견을 제시하지 못한다는 두 가지 특징이 있다.

주어진 일에 책임감이 강하고 어떻게든 완수하려고 하다 보니 상사들은 순종적이고 충성도 높은 사람으로 예스맨을 평가한다. 상사나 리더 의견에 항상 동의하고, 시킨 것은 무조건 '예스'라고 대답하는 직원이 리더의 입장에선 큰 위안이 되는 것이다.

하지만 예스맨은 거절을 못해 과한 업무를 떠안거나 자신의 견해를 적극적으로 말하지 못해 생각이 없거나 능력이 부족한 것으로 평가받을 수도 있다. 특히 거절을 못하는 예스맨이 사회 초년생이거나 사원일 때는 혼자만 감당치 못할 만큼의 일을 하게 되지만 직급이 올라갈수록 부하직원까지 많은 업무를 부과하는 부작용이 생길 수 있다는 점이 함정이다. 사례에서 보듯이 제승 씨의 과한 업무는 '혼자 해결' 하면 되지만, 팀 프로젝트는 '모두가 함께 떠안아야 할 부담'인 것이다.

회사 내 예스맨의 비중은 얼마나 될까? '귀하의 직장에는 상사에게 무조건 맞춰주는 예스맨이 있습니까?'라는 사람인의 설문조사에서 70%가 '있다'라고 답할 정도로 거의 모든 직장에는 예스맨이 있으며 '과장'급이 가장 많다는 결과가 나왔다.

여기에서 흥미로운 것은 상사에게는 무조건 '예스'인 이들이 부하에게는 '노맨'인 경우가 더 많았다는 점이다. 예스맨이 부하에게도 예스맨 인지를 묻는 질문에는 76.7%가 아니라고 응답했다. 이는 권위적인 상사에게는 어차피 말을 해봤자 통하지 않을 것 같아서 혹은 상사에 대한 복종과 순응이 미덕이라고 여기는 사회 문화가 크게 반영된 것으로 보인다.

사람들이 거절을 못하는 일반적인 이유는 무엇일까? 누군가의 부탁이나 요구에 예스를 했을 때의 장점에 대해 생각해보자.

· 거절을 해야 하는 마음의 불편함을 피할 수 있다.

· 상대의 부탁을 들어줄 능력을 갖춘 사람이 된다.

· 관계가 불편해지는 위험성도 피할 수 있다.

반대로 생각해 보면 상대방이 나를 나쁜 사람으로 취급하게 될까 봐 두렵고, 능력 없는 사람으로 볼까 봐 두렵고 관계가 깨질 수도 있는 위험을 감수하는 것이 두렵다. 심리학에서는 거절 못하는 성격을 '버림받는 것에 대한 두려움'으로 설명한다. 내가 상대방을 거절하면 상대방 역시 나를 미워하고 배제해 관계가 단절된다고 여기는 것이다. 반대로 부탁을 다 들어주는 나는 언제나 '좋은 사람'이라는 평가를 받고 사랑받을 것이라 믿는다. 이른바 '착한 사람 콤플렉스'다.

거절하지 않고 상대의 부탁을 받아들이는 그 순간은 내가 좋은 사람으로 비춰지는 것 같고, 마치 내가 다 해낼 수 있는 능력이 있는 사람처럼 느껴질 수도 있다는 것이다. 그러다 보니 다른 사람이 나를 어떻게 볼까 신경 쓰며 모두 잘해내려 애를 쓴다. 마음속은 '거절당하는 것'과 '실패하는 것'에 대한 두려움과 불안함으로 초조한 상태가 된다.

특히 거절에 대한 두려움 중 큰 비중을 차지하는 것은 누군가가 자신을 싫어하거나 비난할 지도 모른다는 것이다. 즉, 다른 사람이 나에게 부탁을 했을 때 그것을 들어주지 않으면 나를 싫어할 것이라는 생각으로 인해 거절하기 전부터 걱정하는 마음이 생기게 되고 거절을 못하게 되고, 받아주며 예스라고 말해 버리게 된다는 것이다.

좀 더 구체적으로 생각해 보자. 조직 내에서 예스맨의 장점은 무엇일까?

· 상사의 의견에 묵묵히 따름으로써 상사의 예쁨을 받을 수 있고 인성이 좋다는 좋은 평판을 쌓을 수 있다.

· 주위 사람들에게 긍정적인 에너지를 불어넣을 수 있다. 선배나 상사, 고객의 요구에 '근데'나 '글쎄요'가 아닌 '예스'로 답하게 되면 주의 환기와 함께 긍정적인 에너지를 불어넣을 수 있다.

· 더 많은 기회와 자원이 주어져 다양한 일을 담당할 수 있고 권한을 한순간에 업그레이드 시킬 수 있다.

그렇다면 예스맨의 단점은?

· 상사의 판단이 항상 옳을 수는 없을 터. 상사나 리더가 자기 확신에 빠져 회사가 잘못된 방향으로 가고 있는데도 반대 의견을 밝히지 않아 조직의 운명에 해가 될 수 있다.

· 부탁 받은 다양한 업무를 수행하다 보니 시간과 노력이 한 곳에 집중되지 못하고 분산되어 중요한 일을 제대로 처리하지 못하는 어려

움을 겪을 수 있다.

· 야근에 주말까지 일하면서도 성과를 내지 못하는 무능하고 비효율적인 직원으로 낙인 찍혀 연봉협상이나 계약갱신 시에 불이익을 볼 수 있다.

예스맨은 당장은 좋은 사람이 될 수 있고 조직이 안정적일 때는 크게 문제가 없다. 그런데 회사가 중요한 결정을 내려야 하거나 급격한 매출 감소 등으로 심각한 위기 상황이라면? 사장에게 필요한 사람은 언제나 내 편인 예스맨일까, 가끔은 '노'를 외치는 노맨일까?

지시 사항을 충실히 수행하기만 했던 예스맨은 빠른 시간 내에 주도적으로 해결방안을 제시하기 어려울 수 있지만 노맨은 상사의 결정이 회사에 도움이 되지 않는다고 판단할 경우 수치·분석·조사 등을 근거로 합리적인 반대 의견을 내고, 대안을 제시할 수 있기 때문에 훨씬 도움이 된다.

그렇기 때문에 '예스'라고 말할 때도 모든 조건을 다 수용하겠다는 의미가 아니라 자신이 처한 상황을 고려해서 말하는 것이 핵심이다. 예스맨은 자신의 호의가 다른 사람들에게 의미와 가치를 준다고 생각해서 상대의 요구를 받아들이는 것이지만, 오히려 상사의 입장에서는 생각이 없거나 주인의식이 없는 것으로 보일 수도 있기 때문이다.

모든 요구에 계속 예스맨으로 살다 보면 당신은 결국 주인의식이나 문제의식 없이 살아가는 사람으로 평가받을 수 있고, 무능력한 직원으로 평가절하 당할 수도 있다. 또한 '좋은 게 좋은 것'이라는 우유부단한 태도는 결국 부당한 일이나 아니라고 생각하는 일에도 적절한 의견을 표현하지 못해 끝도 없이 일에 치이게 될 수 있는 것이다.

🔗 말대꾸하지 못하는 문화

하지만 한국 사회에서 내키는 대로 반대 의견을 내고 매몰차게 거절하면서 회사 생활을 할 수 있는 사람이 몇이나 될까. 과연 거절을 못하는 게 단순히 개인의 문제일까. 그러기엔 주변에 거절 못하는 사람이 너무나 많다. 의견을 개진하는데 소극적이고 남들 눈치를 많이 보고, 착한 사람 콤플렉스에 빠진 개인의 문제로 보기엔 뭔가 석연치 않다.

어찌 보면 우리나라 특유의 사회문화도 거절 못하는 예스맨을 만든 요인 중 하나로 볼 수 있겠다. 우리는 어른들에게 말대꾸하는 것이 매우 예의에 어긋나는 행동이라고 배워왔다. 그 결과 어른의 의견에 동조하지 못하더라도 말대꾸를 하지 않고 무조건 복종을 해왔다. 결국 '네'하는 착한 아이에서 '네' 하는 착한 어른으로 성장했을 가능성이 많다는 것이다.

또한 직장에서도 상사의 말에 다른 의견을 내기보다는 복종하고 따르는 것이 안전하고 편안한 직장 생활을 이어갈 수 있는 기술로 보일 수 있다. 내 생각은 다르지만 정의롭게 말하면 직장 내 왕따가 되거나 보복당할 수도 있기 때문에 '저는 생각이 달라요' '미안하지만 그건 안 되겠어요'라고 당당하게 말할 수가 없었던 것이다.

🔗 콜센터가 도입한 '전화 끊을 권리'

하지만 이제 사회 분위기가 달라지고 있다. 예전 같으면 상상도 할 수 없었던 콜센터 상담사들의 '전화 끊을 권리'를 보자. 위메프(2017년 7월 도입), 이마트(2017년 3월 도입), 현대카드(2016년 도입) 외에 경기 고양시·경남 창원시 같은 지자체 민원센터도 2017년부터 '악성 민원 대응 매뉴얼'에 따라 언어폭력 민원인에 대해서는 먼저 전화를 끊기로 했다. 폭언·욕설·성희롱을 일삼는 이른바 '진상' 고객의 전화는 상담사가 경고 후 먼저 끊을 수 있는 권리를 보장한 것이다.

고객에게 먼저 '노'라고 말할 수 없었던 서비스 업종의 '을'에게 확실한 거부권을 부여했다는 것을 보더라도 우리 사회가 점점 거절에 대해 점점 개방적으로 변해간다는 것을 알 수 있다. '전화 끊을 권리' 도입 이후 현대카드의 경우 2016년 월 평균 300여 건이었던 막말 전화가 2017년에는 60% 이상 줄어들었으며 상담원의 53%가 스트레스가 줄었다고 답했다.

그럼 이제 우리도 예스맨 말고 노맨에 도전해볼까? 매끄러운 거절을 위한 요령을 알아보자.

1. 부탁에 응하기 전 잠시 생각해보자. '이 일은 내가 꼭 해야만 하는 일인가' '다른 사람도 할 수 있는 일인가'를.

조직 내 명확하게 업무 분장이 이루어지지 않는 일들이 있다. 예를 들어 복사, 출력, 회식 예약, 전화, 발송, 주문 등등. 이런 일은 당신이 꼭 해야 할 일은 아니다. 누군가는 분명 해야 할 일이지만 지금 다른 중요한 업무를 하고 있는 상황에서는 방해물이 된다.

당신은 모든 일을 처리하기 위해 조직에 있는 것이 아니며 조직도 당신에게 그런 기대를 하지 않는다. 당신을 대체할 사람은 회사에 많이 있다. 외적인 요구에 응하다 보면 정작 중요한 업무를 기한 내에 처리하지 못하게 되거나 집에 가서도 일을 해야 하는 일이 발생한다. 당신이 반드시 끝내야 하는 일, 당신이 하면 좋지만 반드시 하지 않아도 되는 일, 당신이 하지 않아도 상관없는 일로 업무의 우선순위를 정해 생각해본 후 요구나 지시에 '예스'나 '노'라고 답하자. 이런 식으로 말이다.

"죄송하지만 제가 결산 보고를 오후 4시까지 보고 드리기로 해서요. 다음에 도와드려도 될까요?"

"이 업무 마무리 한 다음에 진행해도 괜찮을까요?"

2. 바로 거절이 어려우면 생각할 시간을 요청하라.

때론 상대의 부탁이 어느 정도의 것인지 가늠이 안 될 때도 있다. 도와줄 사람이 나밖에 없거나 나의 업무에 크게 해가 되지 않거나, 상대가 진정으로 나의 도움을 바라는 것일 수도 있다. 이럴 때는 "하루만 고민해보겠습니다"라며 생각할 시간을 요청하는 것도 방법이다.

하지만 시간을 너무 끌지 말기를. 상대의 일정이 있으니 거절이나 승낙 모두 최대한 짧은 시간 내에 내리는 것이 좋다. 도와줄 것처럼 여지를 남겨놓고 2~3일 지나 거절하는 것은 상대에게 큰 상처가 될 수 있다.

3. 당신이 해줄 수 없는 것이면 그 자리에서 거절하라.

간혹 돈 문제나 일자리 청탁 등 능력 밖의 일에 대해 부탁하는 사람들이 있다. 상대가 불가능하거나 원칙을 깨는 부탁을 한다면 그 자리에서 명확하게 거절하는 것이 좋다. 우회적이거나 불명확한 대답은 상대가 자칫 승낙을 받았다고 생각할 수 있기 때문이다. 곤란한 부탁을 하는 자체가 그 사람은 나를 중요하게 생각 하고 있지 않다는 뜻이기도 하다. 진짜 소중한 사람에게는 곤란한 부탁을 하지 않는다.

4. 상사의 지시 사항에 '노'라고 거절하고 싶다면 상사의 성향을 파악하라.

상사의 지시에 '노'라고 말하면서 합당한 근거와 대안을 제시한다면 상사가 받아들일까? 답은 두 가지다. 받아들이는 상사도 있고 받아들이지 못하는 상사도 있을 것이다.

자신의 지시나 요구를 거절하거나 다른 의견을 냈을 때 권위주의적 상사는 '감히 내가 말한 것을 거역해'라고 생각하는 경향이 있고, 개방적인 상사는 '그런 방법도 있을 수 있겠군'이라고 생각한다. 또 자존심이 강한 상사는 자신의 의견과 다르거나 자신이 미처 생각지 못했던 부하 직원의 의견을 반영하면, '내가 부하 직원에게 졌다'는 생각에 자존심에 상처를 입기도 한다. 따라서 이러한 다양한 상사의 성향을 잘 파악하면서 반론도 융통성 있게 제기해야 한다. 권위적인 상사에게는 일단 '네'라고 한 뒤 시차를 두고 검토해본 뒤에 가서 "팀장님, 해보니까 이런 게 안 될 것 같습니다"라고 하는 것이 좋다.

또한 자존심이 강한 상사에게는 부서원들 다 있는 자리에서 다른 의견을 제시하는 것보다 회의가 끝난 후에 따로 찾아가서 "팀장님, 이건 이렇게 하면 좋을 것 같습니다"라고 하는 것이 지혜로운 행동이다.

합리적이고 개방적인 사고를 가진 상사라 하더라도 계속 반론을 펴는 부하 앞에서는 감정이 앞서는 상황이 생길 수 있다. 따라서 상사가 화를 내거나 짜증을 내는 자리에선 더 이상 자신의 의견을 주장하지 않아야 한다. 흥분한 상태에서는 이성적으로 생각하기가 어려워진다. 이럴 땐 시간이 조금 지난 후 상사의 화가 가라앉은 후 다시 찾아가서 "이렇게 한번 해 보는 것은 어떨까요?"라고 조심스럽게 이야기를 꺼내는 것이 좋다.

그동안 상사나 웃어른의 요구에 다른 의견을 내거나 반대를 해본 적이 없다면 거절하는 것은 상당한 용기가 필요한 일이다. 미움 받을 용기를 감내해야 하니 말이다. 특히 '화'와 마찬가지로 '거절'도 훈련이 필요해서 처음 거절을 하게 되면 너무 공격적이거나 너무 비굴하게 보일 수 있다.

그러나 걱정 말기를. 화를 안 내던 사람이 처음 화를 내게 되면 단계 조절을 못해서 사소한 일에 지나치게 화를 내거나 하는 등 애를 먹지만 점점 자연스럽게 화를 내게 되듯이, 처음엔 지나치게 매몰차게 거절하거나 지나치게 미안해하며 거절하지만 점점 거절의 단계 조절이 되면서 부드럽고 자연스러운 거절의 요령을 익히게 될 것이다.

결국 싫으면 싫다고, 힘들면 힘들겠다고 진심을 말하는 거절도 훈련이고 습관이다. 직장에서 남 좋은 일 하느라 자신의 시간을 허투루 쓰면서 '이불킥'을 한 적이 있다면 당신에게는 거절의 기술이 필요하다.

"저는 아무짝에도 쓸모없는 사람이에요"

🔗 종결어미의 실종

한 드라마에서 이런 대사가 나왔다. "자기도 모르는 자기 가치를 우리가 왜 인정해 줍니까?" 결론부터 말해볼까? 내가 나를 대수롭지 않게 여기면 타인도 나를 대수롭지 않게 여긴다.

최호진 씨. 싹싹하다. 겸손하다. 붙임성 좋다. 업무 능력도 처지지 않는다. 그런데 자신이 다니던 대학의 교직원 정규직 면접에서 세 번이나 고배를 마셨다. 첫 번째 면접에서는 너무 떨어서 말하고 싶은 내용을 잘 전달하지 못했고, 두 번째는 핵심이 너무 길어져서 애를 먹었다. 세 번째 면접에서는 업무에 대한 자신감을 보여주지 못한 것 같아 떨어졌다고 생각한다. 긴장한

275

탓에 지나치게 겸손한 말투를 쓰거나 말끝을 흐리는 평소 습관이 여실히 드러났기 때문이다.

면접관: 앞으로 우리 학교가 어떤 학교를 경쟁상대로 삼아야 한다고 생각하세요?

호진: 글쎄요. 제가 볼 때는 강소대학의 이점을 살려….

면접관: 지금까지 해온 업무 중에서 가장 큰 성과에 대해 말씀해주세요.

호진: 제가 특별히 잘 하는 건 없지만 그나마 나은 건….

그가 아직 면접에서 거듭 떨어진 이유는 나약한 말투와 말끝을 흐리는 습관 때문일지도 모른다. 사람은 자신의 말을 끝까지 마무리 지으며 스스로 말의 내용에 자신감과 확신을 갖게 되는데, 말끝을 흐리는 습관은 자신의 생각이나 마음까지 흐리고 흔들리게 만든다.

또한 나약한 말투는 자신의 능력을 부족하다고 느끼게 하고 상사에게 업무 능력도 인정받지 못한다. 절망감에 빠진 호진 씨는 가까운 선배에게 고민 상담을 청하였다.

호진: 저는 아직 제 몫을 못해내는 것 같아요. 항상 부족하고 아직 갈 길이 많이 남은 것 같다는 생각이 들거든요. 연장자에 속하는데 왜 무게중심이 안 잡혔다고 생각할까요? 제 선에서 일을 해결하고 싶지만 여전히 배우기만 하고 모르는 것이 많다는 생각이 드네요.

선배: 네가 분명 잘 하는 게 있을 거야. 뭐라고 생각하는데?

호진: 제가 잘하는 거요? 제가 남들보다 잘하는 건 딱히 없지만 그나마 다른 사람 의견을 들어가며 일하는 건 잘 하니까 협업 쪽에서 잘 해내지 않을까요? 다른 사람 말을 잘 듣거든요. 제가 부족하다는 것을 잘 알고 있으니까요. '저 사람이 왜 저렇게 말할까?'가 아닌 '저 사람이 말하는 것을 받아들여야겠구나'라는 생각이 많죠. '저렇게 생각하시는 이유가 있겠지'라고 받아들이는 편이예요. 이렇게 부족한 제가 뭘 잘 할 수 있을까요?

그는 회의 중에도 "저는 그렇게 생각하지만 다들 어떻게 생각하실지…" "별 건 아니지만 이건 어떨까요?"라는 맥 빠지는 서두로 시작해 듣는 사람들에게 부정적 인식을 남긴다.

성격 급한 동료들은 "딱히 의견도 없는 것 같은데 그냥 넘어가시죠"라는 식으로 호진 씨를 무시하거나 "그걸 말이라고 해?"

라며 면박을 주기도 했다. 호진 씨의 나약한 말투와 말끝을 흐리는 습관을 처음 접했을 때 필자 역시 호진 씨는 업무 능력이 떨어질 거라고 막연히 짐작했다. 하지만 이후 호진 씨가 1년간 일한 곳의 상사와 이야기를 나누게 되었을 때 이야기는 예상과 전혀 달랐다.

"호진 씨 일 잘 하죠. 계약직이라 일을 많이 안 주었다가 급한 게 생겨서 해오라고 했거든요. 호봉제를 시트로 만드는 일이라 오래 걸릴 줄 알았는데 다음날 초안을 바로 가져오더라고요. 정확하고 빠른 일처리에 깜짝 놀랐어요."

다른 직장 동료도 '정규직으로 같이 일하고 싶은 사람'이라며 호진 씨를 평가했다. 호진 씨의 자체 평가와 주변 사람들의 평가가 달라서 뜻밖이었다. 보통은 자신을 과대포장해서 보여주는 경우가 많은데 정반대였기 때문이다.

🔗 커뮤니케이션 이론에서 말하는 '약자언어'

호진 씨를 비롯한 많은 사람들이 말끝을 흐리는 이유는 무엇일까? 어찌 보면 상대방에 대한 자신감이 결여된 것으로 볼 수 있다. 상대방이 나를 어떻게 생각할지 또 내 말을 어떻게 받아들일지 전전긍긍하며 눈치를 보는 것이다.

이를 커뮤니케이션 이론에서는 '약자언어'를 쓴다고 한다. 약자언어에는 반드시 상대적으로 강자언어를 쓰는 상대방이 있기 마련이다. 즉 약자언어를 쓰는 사람 곁에는 강자언어를 쓰는 누군가가 있고 그 사람의 눈치를 보느라 말끝을 흐리는 습관이 생겼다는 것이다.

혹은 말하기 기술 부족으로, 자신의 생각이 머릿속에서 잘 정리되지 않아서 말을 못 맺는 경우이다. 주어와 목적어까지는 이야기를 그럭저럭 잘하다가 서술어 부분에서 말끝을 흐리게 되는 것이다. 본인이 말한 내용을 어떻게 정리해서 수습할지 몰라서 또는 그냥 습관적으로 말끝을 흐려 버리는 것이다.

흥미로운 사실은 말끝을 흐리는 습관은 몸짓언어와 세트로 나타난다는 것이다. 특히 이때 나타나는 몸짓언어는 시각적인 요소로 상대가 바로 알 수 있기 때문에 빨리 고칠 수 있도록 노력하라.

· 말끝을 흐리며 웃음으로 때운다.

· 상대방 눈치를 살핀다.

· 코, 입, 귀를 만지작거린다.

279

· 머리를 넘긴다.

· 시선을 피하거나 고개를 다른 쪽으로 돌린다.

　말끝을 흐리거나 나약한 말투를 사용하는 언어습관은 자신의 생각이나 의도를 분명하게 전달하지 못할 뿐 아니라 명확한 의사전달의 부재로 확실한 오해의 소지를 낳을 수 있다. "글쎄요. 외부 강사 초빙이 꼭 좋지 않은 것은 아니지만" 식으로 말하면 '외부 강사 초빙이 좋지 않다'는 것인지 '좋다'는 것인지 정확한 의사를 알 수가 없다.

　🔗 겸손도 적당해야 겸손이다

　호진 씨는 회의에서뿐만 아니라 상사에게 결재를 받을 때도 "제 딴엔 열심히 했는데 어떻게 생각하실지…" "많이 부족한 것 같은데 마음에 드실지 모르겠네요" 같은 말로 말문을 열어 명확한 의사전달을 하지 못했고 자신이 한 일의 가치마저 하락시켰다.

　상사의 지시를 받을 때도 "부족한 제가 과연 그런 큰일을 해낼 수 있을지 모르겠네요"라는 말을 해서 불안감을 조성한다.

상사의 칭찬에도 "저보다 다른 분들이 더 잘하시는데 어쩌다 보니 제가 잘한 것처럼 됐네요" "저는 특별히 한 게 없어요. 주위 분들이 다 도와주신 덕분인 걸요"라는 표현으로 자신은 내세울 것이 별로 없다는 듯이 우물쭈물하거나 어색한 표정을 지으며 얼버무리려고 한다.

물론 겸손은 미덕이다. 하지만 기준이 있다. 듣는 사람이 어색하고 불편하면 그건 겸손이 아니다. 나약한 말투는 겸손이 아니라 부족함의 발로이다. 습관적으로 지나치게 낮은 자세를 취하면 실제로 자신감이 부족한 것인지, 의례적으로 하는 말인지 알 수가 없다.

상사나 동료가 업무 성과나 노력을 칭찬해도 "별 거 아니에요" "남들 다 하는 만큼 한 건데요, 뭘"이라며 상대방을 김빠지게 만들고 진심을 받아들이지 못한다면 겸손이 아니라 정말 실력이 부족하고 일을 못하는 사람, 자기 업무를 제대로 파악하지 못하는 사람으로 보일 수 있다.

우리나라에는 어릴 때부터 겸손이 미덕이니 겸손해야 한다는 암묵적인 합의가 있다. 그래서인지 자기를 낮추는 것이 보편화되어 있다. 하지만 이제는 자기피알(PR) 시대다. 주위 사람들과 우호적 관계나 필요적 관계를 유지, 발전시키려는 일련의 노력과 활동을 해야 한다.

열심히 일하면 열심히 일한다고 알리고 적극적으로 어필해야 한다. 내가 나를 알리지 않으면 세상 누구도 나의 가치를 알아 주지 않는다. 회사에서도 인정받지 못한다. 자신의 노력을 스스로 어필하지 않는데 남들이 인정해 줄 것이라고 생각하는가? 성과 평가 때 당신이 말하지 않아도 당신의 상사가 알아줄 것이라는 생각은 착각이다.

호진 씨는 뒤늦게 후회했다. "세 번이나 똑같은 곳 면접을 봤는데, 한 번도 저를 제대로 어필하지 못했어요. 지금 와 생각해 보니 너무 아쉬워요. 잘난 척 하는 것 같아 많이 이야기 못했는데 그게 아니고 제 강점을 못 보여드린 것 같아요"라며 자신을 당당하게 표현하지 못한 것에 대해 아쉬워했다.

이 말은 승진과 입사 면접을 치른 사람들이 가장 많이 하는 후회다. 배 떠난 뒤 후회하지 말고 당신 스스로 주도적으로 성과를 증명하기 위해 노력해야 한다. 당신이 알리지 않는 업무 능력을 알기 위해 노력을 기울이는 상사는 많지 않으니 말이다.

미인대회에서 자주 나오는 단골 질문이 있다. "누가 1등이 되면 좋을 것 같으세요?"다. 그럼 참가자는 "네, 물론 저도 받고 싶지만 제 옆에 있는 12번이 되었으면 좋겠습니다"라고 말하는 것이 미덕이라고 생각했던 시대가 있었다.

요즘에는 당당히 말한다. "네. 저는 1등이 되기 위해서 나왔기 때문에 제가 받았으면 좋겠습니다" "1등이 될 준비를 많이 했기 때문에 받을 자격이 충분하다고 생각합니다"라고 말이다.

말이 마음의 알갱이라면 말투는 말을 담는 그릇이다. 찌그러진 그릇에 음식을 담으면 쉽게 손이 안 가는 것처럼 말투가 나약하면 아무리 내용이 좋아도 그 진가가 제대로 발휘되지 못한다.

> '우리가 재능을 가진 존재임을 부인한다면 그것은 거짓된 겸손에 빠진 탓일 수 있다. 아니면 재능에 대한 책임을 회피하려는 시도일 수 있다. 그러나 누구나 재능을 가지고 있으며, 그 재능은 반드시 계발되고 다른 사람에게 전해져야 한다.'

작가인 디나 메츠거의 말이다. 나약한 언어를 버리고 당당한 언어로 말하고 싶은가? 그렇다면 비움이 먼저 이루어져야 한다.

1. 다음의 단어를 쓰는지 평소 습관을 확인해보자.

자신도 모르는 사이에 쓰고 있다면 이제는 비워내고 당당

283

한 언어를 소리 내어 말해보는 연습을 하자.

나약한 언어

· 딱히 없지만 · 굳이 말하자면

· 특별한 게 없어요. · 지극히 평범하죠.

· 다들 그렇겠지만 · ~밖에 없어요.

· 이 정도밖에 못하지만 · 별 거 아니에요.

· 아직 부족해요.

당당한 언어

· 저는 이렇게 생각합니다.

· 제 생각은 이렇습니다.

· 잘할 수 있습니다. 이 부분만 보충해 주십시오.

· 열심히 한 덕분에 이렇게 좋은 결과가 있었네요. 역시 노력은 배신하
  지 않는 것 같습니다.

· 선배님이 제 능력을 인정해주셔서 이번에 좋은 결과가 있었습니다.

· 앞으로도 열심히 노력하겠습니다.

2. 말끝을 흐리지 말고 또박또박 자신의 생각을 이야기하는 것에서부

터 시작해야 한다.

"글쎄요. 그게 좋을 것 같습니다만"이 아닌 "저는 이렇게 생각합니다" 하고 서술어까지 제대로 말하자.

3. 단문으로 말하자.

나약한 말투나 말끝을 흐리는 습관은 문장이 길어질수록 더욱 확연히 드러난다. 주어와 목적어, 서술어로 이루어진 단문으로 간단하고 짧게 말하는 연습을 해보자. "제가 딱히 잘 하는 것이 없지만 원하신다면 열심히 해 보겠습니다"가 아닌 "네, 잘해낼 자신이 있습니다"로.

예로부터 "스스로를 완벽히 지키는 것이야말로 진정한 강함이다"라는 말이 있다. 자신을 존중하고 소중히 여기면 타인도 나를 무시하지 못한다. 당신 자신을 표현하고 지켜라.

"저한테 인사도 안 하시네요?"

⊘

🔗 면접장 밖에서의 모습

기업의 컨설팅을 담당하는 명호 씨는 얼마 전부터 고객사의 신입사원을 채용하는 외부 면접위원으로 활동하고 있다. 누군가를 평가하고 당락을 결정해야 하는 일이기에 무척 조심스럽고 영광스럽게 생각하고 면접에 임했다. 맡겨진 역할은 다섯 명씩 조를 이루어 토론하는 과정을 지켜보며 평가하는 것이었다.

명호 씨가 보기에 지원자들 모두 하나같이 예의가 있었다. 정중하게 인사하는 법, 일어나서 의자와 필기구를 제자리에 놓는 법, 조용히 퇴실하는 법 모두 학원에서 배워온 것처럼 절도가 있었다. 오후쯤 되자 사내 면접위원이 혼잣말을 했다.

"면접장에서는 저렇게 예의가 바른데, 현실에서는 안 그렇단 말이야."

"네? 무슨 말씀이세요?"

"아, 제가 일하는 사무실이 3층짜리 건물인데 저는 2층에서 근무를 하고 새로 들어온 신입들은 1층에서 근무하거든요. 두 명이 새로 들어온 걸 뻔히 아는데, 복도에서 만나면 인사를 안 해요. 고개를 숙이거나 피하지도 않고, 당당하게 무시하며 지나갑니다."

이 말을 옆에서 들은 다른 임원이 열을 내며 말했다.

"그걸 가만히 놔둬요?"

"요즘에는 그런 거 가지고 이야기하면 큰일 납니다."

"허, 참!"

이제 갓 회사에 입사한 신입사원이 가장 많이 하게 되는 것은 무엇일까? 바로 자기소개와 인사다. 아는 얼굴 하나 없는 회사지만, 인사만큼은 마당발처럼 만나는 사람마다 하게 되는 것이 신입사원의 숙명이다. 하루에도 몇 번씩 하게 되니 별 것 아닌 것 같지만, 모름지기 '기본만 잘해도 반은 먹고 들어간다'는 오랜 진리가 있는 만큼 기본을 남부럽지 않게 잘할 필요가 있다.

또한 위에 나타난 사례처럼, 사람들은 사소한 인사로 예의범절과 가정교육, 나아가 한 사람의 인성을 이야기한다. 즉 남들에게 적극적으로 인사만 잘해도 예의바르고 바른 인성의 사람으로 인식될 수 있다는 것이다. 하지만 알고 있으면서도 실천이 쉽지 않다.

🔗 '저는 소극적이라…'는 말은 변명

어찌 보면 인사를 먼저 건네지 못하는 사람은 소극적이거나 내성적인 성향을 가진 사람일 수도 있다. 어색하고 쑥스러워서 선뜻 인사를 건네지 못할 수도 있고, 고개 숙여 웃으며 큰 소리로 인사하는 습관이 길러지지 않아 못 할 수도 있다.

그러나 상대방은 당신의 성향을 모른다. 당신의 행동만으로 당신을 평가하고 인성이 이렇고 저렇다며 이야기한다. 자신의 점수를 스스로 깎을 필요는 없다. 당신이 돈을 들이지 않고도 할 수 있는 최고의 이미지 메이킹, 바로 인사다.

별거 아닌 것 가지고 이야기한다고 생각할 수 있지만 인사는 정말 사회생활의 기본이다. 회사 신입 교육 첫 번째 챕터가 인사로 진행되는 곳들도 있다. 당신이 인사를 안 하는 것을 남들은 모른다고 생각할 수 있지만 다 보고 있다. 그런 것이 쌓여 평판이 되고 상황을 불리하게 만들 수 있다. 다음의 고민을 보며 나의 인사 스타일을 생각해보자.

"우리 회사 과장이 제가 출근해도 먼저 인사를 안 해요. 모니터만 보고 작업하는 척 합니다. '건영 씨 안녕하세요?' 하면 마지못해 고개만 까닥하며 '네 안녕하세요?' 하는데요. 앞으로도 제가 계속 인사를 먼저 건네야 할까요? 제 위치(부장)도 있는데 자존심도 상하고 기분도 나쁘고 저도 안 할까 하는 생각도 많이 했어요."

"전 일단 마주치면 저보다 나이가 많든 적든 먼저 웃으면서 인사합니다. 그런데 얼마 전 새로 온 사람이 있는데 먼저 인사를 해도 인사를 안 받더군요. 기분이 좀 불쾌했지만 그날 뭐 안좋은 일이 있나 보다 하고 대수롭지 않게 넘겼죠. 그런데 하루 이틀 찬찬히 살펴보니 절대 먼저 인사하는 법 없고 먼저 인사하려고 해도 눈이 마주칠 것 같음 먼저 눈길을 돌려버리는 거예요. 그래서 저도 매번 제가 먼저 인사하다 얼마 전부터 아예 무시를 해버렸어요. 그랬더니 상당히 당황해하는 거 있죠? 저보다 나이도 두어 살 어리고 표정이 워낙 뚱해 기분이 좋은지 나쁜지 잘 알 수 없었지만 그 이후로부터 어쩌다 마주치면 굉장히 기분 나빠하는 표정을 짓네요. 저도 이제 그 사람이 너무 싫어요. 인사 하는 것, 그동안 이러 사소한 일로 신경 써 본 적 없었는데 요즘은 좀 심란합니다. 나이 먹으니 예민해지는 걸까요?"

"월요일 아침에 출근하자마자 기분이 다운되네요. 제 바로 옆자리 과장님께 '안녕하세요, 과장님' 하고 인사하는데 대꾸도 안 하고 고개를 돌려버려요. 몇 번은 '안녕하세요' 하고 안 받아줘서 바로 앞까지 가서 '○○○ 과장님, 안녕하세요' 하니까 그때는 받아줬는데 제가 이렇게까지 인사를 해야 하나요?"

🔗 당신의 인사 스타일은?

많은 사람들이 인사로 인한 애로사항을 털어놓으며 답답해한다. 우리나라에서는 지위나 직책이 올라갈수록 상대로부터 인사 받는 것을 당연하게 여기며 상대가 먼저 인사하기를 기다리는 사람들이 많다. 이들은 후배가 먼저 인사를 안 하면 '언제까지 안 하나 두고 보자' 혹은 '먼저 할 때까지 나도 안 해야지'라는 생각으로 지켜본다. 또 그런 사람들 중에는 인사를 하는 데도 별다른 대꾸 없이 지나치거나 무성의하게 인사를 받는 경우가 허다하다.

그런 권위의식을 가지고 있으면 꼰대가 된다. 인사는 지위고하를 막론하고 누구든 먼저 할 수 있는 것이다. 상사뿐만 아니라 동료, 후배에게도 '인사는 내가 먼저 한다'는 생각으로 눈 맞추면서 인사하는 습관을 길러보자. 누구라도 자신의 존재를 인정받으면 내심 기쁜 법이다.

또 후배가 먼저 인사를 안 하더라도 '나를 무시하나?'라는 생각을 할 필요가 없다. 그 사람의 그릇이 그 정도밖에 안 되는 것이다. 내가 먼저 모범을 보이고 부드럽게 인사를 건네다 보면 그 사람도 언젠가는 인사를 할 것이라고 생각하는 것이 정신 건강에 좋다. 상대방이 인사를 안 하면 어떠랴. 나만 떳떳하면 되는데.

당신의 인사 스타일은 어떠한가? 다음 질문에 응답해보자.

· 직장 선후배에게 먼저 즐겁게 인사를 건네는 편이다. (예/아니오)

· 선배에게는 먼저 인사하지만 후배는 먼저 인사할 때까지 기다린다.

(예/아니오)

· 상대방이 나를 못 본 것 같으면 인사를 안 하는 편이다. (예/아니오)

· 상대방이 내게 인사를 해도 기분이 좋지 않으면 본체만체하거나 받아

주지 않을 때도 있다. (예/아니오)

· 상대방에게 먼저 인사를 하는데 안 받아주는 것 같으면 다시는 인사를

안 하는 편이다. (예/아니오)

여기서 한 가지 더, 인사를 할 때 밝고 씩씩하게 하는 연습을 해보자. 어딜 가든 처음 인사할 때 우렁차게 해 보자. 이후 6개월간 달라진다. 인사와 미소를 갖춘다면 주변 사람들에게 좋은 평가를 받을 수 있다.

《60 Trend 60 Chance》의 저자 샘 힐(Samm Hill)은 미래의 진정한 경쟁력은 예의범절이 될 것이라고 했다. 어찌 보면 예의범절을 중시하는 사회 풍토가 점점 엷어지고 있는 상황에서 인사만 잘해도 다른 사람들에게 좋은 점수를 딸 수 있다는 것이다. 자, 그럼 '기본이 잘 되어 있는' 직원이 되기 위한 인사 예절을 알아보자.

1. 인사성 밝은 건 좋지만, 때와 장소에 따라 인사법이 달라진다.

회사 복도에서 팀장님이 통화를 하며 걸어오고 계시는 것을 발견한 민재 씨. 성큼성큼 다가가 허리를 살짝 구부리며 큰 소리로 인사한다. "안녕하십니까, 팀장님!"

인사성 밝은 민재 씨. 하지만 위 상황에서는 지나치게 인사성이 밝아 문제가 될 수 있다. 상대방이 통화 중이거나, 회의 중일 때, 식당이나 화장실에서 서로 눈이 마주쳤을 때 무조건 큰 목소리로 인사하는 것은 실례가 될 수 있다. 이때는 말없이 고개를 끄덕이며 미소 지으며 목례하는 것으로 충분하다.

2. 일반적인 상황에서는 약 15~30도로 허리를 숙이며 인사한다.

인사 문화가 서구식으로 바뀌고 있어서 까딱 옆으로 고개를 살짝 숙이거나 고개를 빳빳하게 든 채로 '안녕하세요' 하는 인사말을 건네는 직원들도 많다. 간혹 선배에게 손을 흔들며 인사하는 후배들도 있다. 아직까지 한국 문화는 눈을 맞추고 고개와 허리를 숙여 인사하는 것이 예의 바르게 느껴진다.

3. 사과의 표현을 할 때는 보다 정중하게 45도 이상으로 허리를 굽힌다.

특히 사과할 때는 천천히 고개를 숙여 정중하게 인사한다. 급하게 고개를 숙이면 진정으로 잘못을 반성한다는 느낌이 전달되지 않을 수 있고 억지로 한다는 인상을 줄 수도 있다.

회사 생활에서 인사만 잘해도 사람들의 평가가 달라진다. 물론 사람만 좋아서는 안 되겠지만 같이 일을 안 해본 사람들은 겉으로 드러난 요소로 그 사람을 평가하기 때문이다. 앞으로 타이밍을 놓치지 않고 과감히 실행하라. '인사를 했는데 상대방이 무시하면 어쩌지' '나를 과연 알아볼까' 등을 따지지 말고 용기 내어 인사하는 적극성이 필요하다.

도로시: 안 탈 거니?

검프: 엄마가 모르는 사람 차는 타지 말라고 그랬어요.

도로시: 이건 학교버스야.

검프: 전 포레스트 검프예요.

도로시: 난 도로시 해리스다.

검프: 그럼 이젠 모르는 사이가 아니네요.

이 대화는 영화 〈포레스트 검프〉의 한 장면이다. 검프의 말이 어쩐지 많은 울림을 남기는 듯하다.

◇◇◇◇◇◇◇

"단 한 번의 실수가
모든 것을 끝내버렸다"

🔗 존맛탱, 꾸안꾸, 탕진잼… 무슨 뜻일까?

직장 생활 3년차인 재영 씨는 재치가 있고 유행어도 많이 알아서 입담 좋기로 유명하다. 회사에서도 다 같이 점심을 먹으러 갈 때면 항상 이런저런 수다를 즐긴다. 선배들도 재영 씨를 '분위기 메이커'라고 부르며 귀여워하는 눈치다. 하루는 거래처와 미팅을 하게 되었다. 재영 씨 사무실에 방문한 손님은 유명한 제과점 과자를 선물했고 한 입 맛본 재영 씨는 즐겁게 외쳤다.

"어머, 이거 존맛탱이네요!"

"조… 마탱? 그게 뭐죠?"

재영 씨는 순간 아차 싶었다. 거래처 손님 앞에서 '존맛탱'이 맛있다는 말을 '비속어를 섞어서 표현하는 최신 유행어'라고 풀이할 수는 없었기 때문이다.

당신은 '존맛탱'이라는 말을 아는지. '존맛탱'은 매우 맛있다는 뜻인 '존맛'에 강조하는 의미의 '탱'을 붙인 단어다. '존'은 비속어에서 나왔기 때문에 표현을 순화하되 그 의미는 가져가려는 의미로 영어 'JMT'로 표현한다. 그렇다면 '갑분싸'는? '갑자기 분위기 싸해짐'의 줄임말로 어떤 사람의 행동이나 말로 인해 갑자기 분위기가 차가워졌을 때 쓰이는 말이다. 이런 유행어를 처음 들어봤다면 당신은 40대 이상이거나 아싸(아웃사이더)일 가능성이 크다.

여기서 퀴즈! '꾸안꾸'란 무슨 뜻일까? '꾸민듯 안 꾸민듯 꾸민'의 앞 글자를 따서 줄여 만든 단어다. 흔히 '꾸안꾸'라고 한다면 남녀불문 좋아하는 패션 스타일 1위라는 얘기도 있는데 현재의 청년 세대, 즉 밀레니얼 세대가 미니멀 라이프를 지향하는 것과 연관이 있어 보인다. 빠르게 변화하고 돋보여야 하는 경쟁 사회에서 잠시 벗어나 일상에서만큼은 심플하고, 조용한 분위기를 추구하는 경향이 자연스러운 멋으로 표현되는 단어가 '꾸

297

안꾸'인 것이다.

시대에 따라 유행과 유행어는 등장했다가 사라지기를 반복했고 현재도 그러하다. 특히 현재의 유행어나 신조어는 밀레니얼 세대를 보여주는 함축의 의미를 담은 것들이 많아서 더욱 흥미롭다. '꾸안꾸'나 '탕진잼(소소하게 탕진하는 재미가 있다)'처럼 말이다.

회사 생활 3년차인 재영 씨도 1990년대에 태어난 밀레니얼 세대다. 밀레니얼 세대는 익숙한 디지털 문화를 바탕으로 성장했으며, 4차 산업혁명의 중추 세력으로 우리 사회를 이끌 중심에 있다. 밀레니얼 세대에 대해 조금 더 알아보자.

이들은 1980년대 초반부터 2000년대 초반 출생했으며 3~4인으로 구성된 핵가족에서 성장했다. 자신이 원하는 것을 쉽게 얻을 수 있는 환경에서 부모의 사랑을 독차지하며 자랐다. 자율과 허용의 자유로운 분위기에서 성장하면서 높은 자존감과 자아 성취, 성장을 중시한다. 개인주의적 성향 역시 강하다.

밀레니얼 세대가 회사에 입사하게 되면 어떨까. 이들은 열심히 공부했지만 불안정한 경제상황으로 인한 취업난을 겪으며 좌절을 경험했다. 힘들게 들어간 직장에서는 평생고용을 보장받지도 못한다. 이들에게 회사는 무조건 헌신해야 할 대상이 아니라 노동의 대가로 일을 한 만큼 보상을 받는 곳이다.

따라서 일과 삶의 균형을 추구하는 '워라밸(일과 노동의 균형)'과 일상에서의 '소확행(소소하지만 확실한 행복)'을 추구한다. 자신의 삶 역시 직장 생활과 동등하게 존중받아야 한다고 생각하기 때문이다.

회사에서 수평적이고 자율적인 관계를 맺으려고 시도하며 자유로운 소통을 추구한다. 부당하거나 불합리하다고 생각하는 업무 지시에 대해서는 "제가 그 일을 왜 해야 하나요?"라고 묻기도 한다. 상명하복의 '하라면 해'가 아닌 '어떠한 의도를 갖고 어떤 방법으로 해야 하는지' 충분한 설명을 듣고 싶어한다. 이들에게는 업무에 대한 당위성을 자세하게 알려주고 일을 하는 것이 좋다.

🔗 언어는 트렌드를 반영한다

디지털 문화와 함께 성장한 밀레니얼 세대는 TV가 아닌 유튜브, 페이스북을 통해 새로운 뉴스를 접하고, 트위터를 통해 속보를 파악하며, 인스타그램를 통해 새로운 제품을 접하고 구매하는 것에 익숙하다. 삼성전자는 자사 제품의 70%를 밀레니얼 세대가 사용하는 것으로 보고 있다.

이들은 SNS를 통해 자신의 의사 표현을 바로 바로 전달하고 각각의 SNS 팔로워들에게 즉각적인 관심과 반응을 수용하는 피드백에 익숙해져 있다. 이러한 밀레니얼 세대가 중요하게 생각하는 건 '재미와 공유'다. 뭐든 함께하면서 재미있으면 통한다. 고루한 것을 참지 못하며, 아무 의미 없어 보이는 말과 행동도 재미있으면 다 용서가 된다. 이들에게 인터넷의 유행어와 신조어는 재미있는 것을 함께 나눌 수 있는 매개체인 것이다.

깨알처럼 작은 휴대폰 자판으로 빠르게 소통해야 하는 특성상 원래의 단어를 축약해서 자음·모음 또는 알파벳 약자만으로 의미를 전달하거나 '시발비용(스트레스를 받아 지출하게 된 비용)'처럼 비속어를 섞어 사용하면서 새로운 유행어를 만들어내고 공유하고 즐기며 되었다.

인터넷 유행어 중에는 원래부터 실제 있었던 말처럼 굳어지는 경우도 빈번해졌다. '헐' '대박' '쩐다' '엽기' 등이 대표적인 예라고 할 수 있다. 현재까지도 유행어의 발생과 사용은 끊임없이 이어지고 있으며, 앞으로 우리 언어의 양상에 큰 영향을 미칠 것으로 보인다.

어찌 보면 새로운 유행어와 신조어의 등장은 청년 세대의 놀이로 볼 수 있다. 발랄한 창조력과 풍부한 어휘력을 가진 재미와 유행인 것이다. 또한 적은 액수의 돈이라도 자신을 위해 소비하며 얻는 만족감을 뜻하는 '탕진잼'처럼 세대의 특성과 소비 트렌드를 파악할 수 있는 요소가 될 수 있다. 유행어는 그 시대의 가치관이나 문화가 투영되어 나타나는 것이라 할 수 있으므로.

𝒮 쏟아진 말은 주워담을 수 없다

몇 년 전, 한 대기업 계열사에서 신입 연수회가 열렸다. 연수 프로그램 중에는 일종의 스피드 퀴즈가 있었다. 주어진 단어를 보고 그림으로 그려서 설명하면 다른 사람이 맞히는 방식이었다. 출제된 단어는 '젖산'과 '대물렌즈'였다. 단어 설명을 맡은 이는 여성과 남성의 특정 신체 부위를 그렸고, 수천 명이 모여 있는 강당에서 성희롱에 가까운 그림이 대형 화면을 통해 공개되는 사태가 벌어졌다. 이 일이 소문을 타고 퍼지자 사측에서는 문제를 출제한 사람과 그림을 그린 사람 모두 퇴사 조치했다.

이 직원들의 퇴사에 대해 어떻게 생각하는가? 잘못한 건 사실이지만 해고한 것은 가혹한 처벌이라고? 혹은 당연히 해고당

할 만하다고? 당신의 생각은 어떤가?

어떤 생각을 속에 품고 있으면 언젠가는 그 생각을 말로 뱉어내게 되어 있다. 성희롱적인 발언을 신입사원 전체가 모인 자리에서 거침없이 한다는 것은 그 사람이 그동안 어떤 말을 하며 살아왔는지 유추할 수 있는 대목이다. 또한 저렇게 행동해도 아무렇지 않을 거라고 생각하고 실행에 옮긴 것이 더욱 놀랍다.

평소 사석에서 자유롭게 사용하던 말과 행동이 긴장이 풀리는 어느 순간 나도 모르는 사이에 밖으로 튀어나오게 된다. 말은 단순히 말이 아니다. 말은 그 사람의 생각이고 철학이다. 생각과 철학이 입 밖으로 표현되어 나오는 것이 말이다. 그러므로 무엇보다 자신의 생각과 철학을 잘 다듬는 것이 중요하다.

𝒫 비속어를 친근감의 증거로 사용해도 될까?

진호주 씨는 IT 기업의 중간관리자로 친화력이 좋아 누구와도 쉽게 친해지는 편이다. 직장 선후배와 형, 동생이라 부르며 허물없이 지낸다. 그런데 바로 그 점이 그의 승진을 가로막고 있다. 가장 큰 걸림돌은 학교 다닐 때부터 써오던 비속어, 유행어, 신조어를 사용하는 것이다.

호주 씨는 비속어가 섞인 유행어를 '친분을 과시하는 우리의 언어'로 이해하며 술자리뿐만 아니라 일상에서도 많이 사용했다. 그러나 그의 말을 과장급 이상은 이해하지 못했다.

"팀장님, 저희 같은 틀딱은 노인네라서 그냥 방에만 찌그러져 있으라고 하는데요. 나돌아 다니면 민폐라나 뭐라나. 허 참. 이 말에 대해 어떻게 생각하세요?"

'틀딱'이란 '틀니'와 '딱딱거리는 소리'를 합성한 말로 과거의 방식, 고정관념에 사로잡혀 자신의 생각을 강요하는 중장년을 폄하하는 단어다. 이런 용어를 공적인 자리에서 꺼내는 호주 씨의 말을 듣다 보면 여기가 회사인가, 자기 집 안방인가 하는 혼란이 오게 되고 그의 리더십에 의문이 들 수밖에 없다.

잡코리아가 직장인을 대상으로 '직장 내 세대 차이'에 대한 설문조사를 했다. 설문 결과 92.2%가 이를 경험한 적이 있다고 답했다. 또한 응답자의 41.3%는 이로 인해 업무의 효율성을 저하한다고 말했다. 직장 내 세대 차이를 경험한 사람들 중 세대 차이를 느끼는 부분은 '커뮤니케이션 방식'이 응답자의 53.2%로 1위를 차지했다. 대화를 나눌 때 각자 다른 세상에 있다고 느낄 수 있다는 것이다.

유행어와 신조어는 재미와 공유를 위한 새로운 표현 문화로 볼 수 있다. 하지만 세대 간 소통이 어렵다는 목소리가 크다. 특정 계층만을 위한 신조어가 자칫 세대간 '소통 장벽'이 된다면 조직의 커뮤니케이션이 제대로 이루어지지 않을 가능성이 높다.

게다가 이러한 유행어가 성별, 지역별, 세대별 편견을 조장하고 화합을 저해하는 요소로 쓰이고 있다는 점이 참으로 안타깝다. '한남충' '맘충' '된장녀' 등 남녀를 비하하는 말이나 '과메기' '홍어' 등 특정 지역을 비하하는 신조어, '틀딱'처럼 중장년층을 폄하하는 말들이 재미있다는 이유로 아무렇지 않게 사용되고 있다.

더 큰 문제는 사적인 자리에서 편안하게 쓰던 말들을 직장에서도 그대로 사용한다는 점이다. 직장은 학교가 아니다. 개인의 능력만큼 일을 하고 돈을 받는 곳이다. 또 개인보다 팀플레이가 중요하다. 혼자서 처리할 수 있는 한계치가 분명하기 때문이다.

따라서 회사에서 가장 중요한 것은 명확한 커뮤니케이션과 조직의 언어다. 세대별로 화합할 수 있는 통일된 언어를 써야 한다. 그 말은 사적인 자리에서 편안하게 쓰던 비속어, 유행어, 신조어는 아닐 것이다.

한 조직의 용어를 통일하는 것은 그 구성원의 사고와 행동을 하나로 하는데 매우 중요한 역할을 한다. 그 조직이 추구하는 방향이나 가치관을 언어를 통해 서로 전달하기 때문이다. 특히 기업의 용어통일은 기업의 비전을 실현하는 데 필수적인 기능을 한다.

말은 습관이고 습관은 무의식의 투영이라는 것을 잊지 말기를. 당신이 사용하는 말이 당신의 가치를 나타낸다는 것을. 그 말의 영향력과 파장에 대해서 고민해 보기를. 조직에서는 그런 것들이 다 업무 평가의 요소로 작용한다는 것을.

그때 그렇게 말해서 미안해

초판 1쇄 발행 · 2020년 5월 10일

지은이 · 박민영
펴낸이 · 김동하

책임편집 · 양현경
기획편집 · 김원희
온라인마케팅 · 이인애

펴낸곳 · 책들의정원
출판신고 · 2015년 1월 14일 제2016-000120호
주소 · (03955) 서울시 마포구 방울내로9안길 32, 2층(망원동)
문의 · (070) 7853-8600
팩스 · (02) 6020-8601
이메일 · books-garden1@naver.com
포스트 · post.naver.com/books-garden1

ISBN 979-11-6416-055-6 (03190)